# 新闻出版博物馆

总第三十六期　　2020年第1期

新闻出版博物馆（筹）编



学林出版社

图书在版编目（CIP）数据

新闻出版博物馆.第 36 期 / 新闻出版博物馆（筹）编.
—— 上海：学林出版社，2020
ISBN 978-7-5486-1648-1

I. ①新… II. ①新… III. ①编辑工作—文化史—中国—文集
②出版工作—文化史—中国—文集 IV. ① G239.29-53

中国版本图书馆 CIP 数据核字（2019）第 060786 号

责任编辑　李晓梅
封面设计　陶雪华

新闻出版博物馆（总第三十六期）

编　者　新闻出版博物馆（筹）
出　版　学林出版社
　　　　（200001 上海市福建中路 193 号）
发　行　上海人民出版社发行中心
　　　　（200001 上海市福建中路 193 号）
印　刷　上海丽佳制版印刷有限公司
开　本　787 × 1092　1/16
印　张　10
字　数　140 千
版　次　2020 年 5 月 第 1 版
印　次　2020 年 5 月 第 1 次印刷
ISBN　978-7-5486-1648-1 / G · 623
定　价　38.00 元

# 百岁欧阳文彬捐赠工作笔记

毛真好

经上海市作家协会理事韦泱先生引荐，2020 年 1 月 8 日，已届百岁期颐之年的欧阳文彬先生，将其于 1980–2010 年间所记生活及工作笔记捐赠给我馆，共计 31 册。

欧阳文彬在捐赠凭证上签字（2020 年 1 月 8 日）

欧阳文彬，原名欧阳晶。1920 年生于湖南。1938 年考入长沙北平民国学院，自 1939 年进入桂林新知书店起，先后在文化供应社、重庆亚美图书社、开明书店等出版机构任编辑。期间参加《青年文艺》《中学生》《进步青年》等刊编务。中华人民共和国成立后，曾任《新民晚报》副总编辑、《萌芽》杂志编辑部主任、学林出版社编审。著有传记文学《陀思妥耶夫斯基和他的作品》、长篇报告文学《刘连仁》、长篇小说《在密密的书林里》、散文随笔集《书缘》、文学评论集《赏花集》等。长篇小说《在密密的书林里》以生活·读书·新知三家书店为背景，通过中央人民广播电台连播，在当时广为人知。欧阳先生的《书简情——欧阳文彬藏信选》列入我馆文库于 2009 年 7 月出版。

欧阳先生一直关心我馆的筹建工作，2004 年便将她主编《我与开明》一书的几十份手稿悉数捐赠我馆，此次再捐横跨 30 年时光的工作笔记，足见一位文化老人的拳拳之心。她表示："这些笔记本虽是个人的工作琐事记录，但也留下不少当年的出版工作背景和相关情况，以后可为后人研究出版史起一点微薄的作用。如果散掉了就很可惜，最好的归宿就是给新闻出版博物馆保管起来。"

欧阳文彬捐赠的工作笔记本

# 目录


**主　管**
上海市新闻出版局
**主办单位**
中国近现代新闻出版博物馆(筹)
**编　辑**
《新闻出版博物馆》编辑部
**地　址**
上海市钦州南路81号1805室
**E-mail**
xwcbmuseum@163.com
**电　话**
021-61255461
**邮　编**
200235

**卷　首**



**书业史话**



**追忆王国忠**



**书林刊苑**



**书报故人**



**“三联”后人谈**



**序跋选读**



**馆藏赏阅**

# Contents

书业史话

# 回眸：
# 商务印书馆的日用书出版
## ——从《日用须知》到《日用百科全书》

柳和城

吴地俗语“万宝全书缺只角”,喻指知识渊博者也总会有某方面欠缺。其实真有号称“万宝全书”的书，中国古代叫类书，如《太平御览》《永乐大典》等,但重文史轻科技,仅限于文献资料的整理和汇编;欧美称“百科全书”，除传统的文学艺术内容外，更为重视科学技术知识，由此出现过“百科全书派”的学者群体。近代以来中国一般也改称“百科全书”，而坊间还有某些面向普通读者的日常用书，直接冠以《万宝全书》书名。商务印书馆是近代较早出版分类百科全书的出版机构之一。它始于日用类图书，即1919年6月出版的《日用百科全书》。回眸这段历史过程，内容丰富，其经验值得后人汲取。

### 面向普通读者的《日用须知》

民国以来，中国文化知识走出禁锢，逐渐向普通民众靠拢，一批知识精英从事着这项文化传播的历史任务。用一位外国学者的话说，“从1912年到整个20世纪30年代——这是一个认识论正发生巨大变革、充满了活力和不确定性的时代。”[①]第一次世界大战时期，列强暂时无暇东顾，中国民族工商业得到相当程度的发展。作为知识生产的出版业，在此期间也出现了空前繁荣的景象。

商务印书馆为中国乃至远东地区最大的出版企业，在决策者们精心规划下，它从事各类教科书编印的同时，很早就开始出版面向普通读者的日用类图书。宣统元年（1909）5月初版的《上海指南》，就十分典型。内分“总纲”“地势户口”“官廨职掌及章程”“公益团体”“工商业”“交通”“金融机关”“游览食宿”等卷，另附有“各省旅行须知”“上海城厢租界地名表”及“补遗”等资料。此书推出，立即受到社会各界欢迎。1912年起，商务又以“日用必携”的名目推出大量的单本书籍，自日历到传染病防治，应有尽有。② 1914年6月，这些材料汇编成一卷出版，名为《日用须知》，署“商务印书馆编译所”编纂，平装，32开，共280页。全书101篇，长短不一，有常识说明，有章程、规程、目录等文献资料，不分类，也没有划分成不同的部分，但其排列还是包含了一系列主题。

《日用须知》（1914年6月）

如开卷“年月日时说”至“流星说”13篇，主题当为天象；“中华民国约法”至“国庆日纪念日”等篇可归纳为法律；“学校仪式规程”“婚礼略说”“丧仪略说”“宴会略说”等篇应该属于礼仪；各种公文程式及“尺牍规范”“称谓表”等篇，反映社会交往；“郡望录”实际上为“百家姓”加姓氏渊源的知识汇编。有关学校的几篇当属教育，抄录“游学略说”如下，可见民初留学风之一斑：

> 今日政体已改共和，青年游学海外，肄业余暇，出而与人周旋，一切言论当以保持国体为第一要义。而古昔相传之旧道德，尤当保守弗失，以期不为人所窃笑也。
>
> 旅中费用，宜自酌量，以不丰不啬为度。无论自费公费，随时随地，当守此义。
>
> 各国学校类皆不备宿舍，惟必须寓于近校之清洁人家。因此等招客赁居之人，餐时辄与同席，可以练习语言，增益闻见，勿以贪有起居习惯之便，而与本国戚友同居也。
>
> 世界各国学术之精深者，莫如德意志，次为英吉利、法兰西，

又其次则为美利坚、瑞士、比利时、荷兰，而义大利（意大利）、西班牙、俄罗斯，则更次之。

更言游学之目的，则习医、政法、理化、军械、陆军者，宜往德；习海军、造船者，宜往英；习农者，宜往法；习实业者，宜往美；习矿者，宜往比；习图画、音乐者，宜往义。事半功倍，当知所择也。

这些编纂人的经验之谈，指导性很强。

“旅行略说”以下包括“中国环游纪程”与“世界环游纪程”两部分。编纂者开出国内旅游线路达十余条：自上海乘汽船的江苏、安徽长江游；自江西湖口镇至南昌的汽船、舟船游；自湖南岳阳县至湖北宜昌的浅水汽船游；自四川成都至西藏的水、陆、山道综合游；京师、山西、新疆、浙江、福建、广东、云南等地的山水游。每项“产品”均详细列举沿途的风景、古迹、物产等，其中当数成都至西藏游最为有趣。该线路包括铁索桥、康定县、理化县、昌都县、嘉黎县、拉萨、日喀则等几站，铁索桥介绍云：“居成都定乘舆入藏之计画，雇驮马、延译人既定，遂遵陆西南行，经邛崃、九折坂、二十四盘，而飞跃岭耸峭盘折势如螺旋，渡泸水，须步行，过铁索桥。桥以巨铁索九条，绷于两岸，长三十余丈，上铺木板，广九尺余，俯视洪流，令人目眩足弱……”真不知当时有多少旅游客照此而行。伴随上述旅游知识，《日用须知》列出“县名表”“商埠表”“铁路表”“海洋航路表”“江河航路表”“有约各国一览表”等相关实用信息，便于查询。

属于经济范畴的条目有各国度量衡、银行利息、规银时价等；属于健康卫生类有“晨间体操”“修容术”“食物养生小言”“食戒”“却病法”“疗病新法”“预防传染病清洁法”“学校传染病预防方法”“急救法”等，简单实用，易于推广。“实验便用法”则收集了家庭防灾、祛病、卫生的各种小窍门百余则，甚至宠物饲养、藏书辟蠹、书画收藏、文房四宝购藏，等等，应有尽有。“水火保险略说”一篇，将保险的意义与火险、水险价格列表公示。

当时的邮电通讯方式是信件、电话、电报，且尚未普及，《日用须知》以三分之一以上篇幅刊出了“邮费表”“邮件章程”“邮局寄递快信章程”“日美英法俄德六国邮费表”以及收发电报办法、电报价目、“德律风用法”等。全书最后用90页篇幅“附录明密码电报书”，一百年前上海的邮电情形一览无余。

从南宋开始，中国的知识分子已开始将一些与日常生活有关的事物，编成“日用类书”，提供平民生活的指南。明清时代这类书常称作“某某万宝全书”或“日用须知”等。今天我们还能在旧书拍卖场上，看到光绪元年世德堂线装本的《日用须知》。商务印书馆民国初年的《日用须知》，沿袭了明清以来的传统，又添加了新的内容，因此受到民众的欢迎，十分畅销。1916年5月即再版，直至1925年6月还出了增订后的第7版。根据十余年来社会变化情况，删除了诸如“中华民国约法”“学校仪式规程”“男女礼服制”“大总统公文格式令”“官署公文程式令”等篇章，增加了“文明结婚礼堂图”“出洋游历须知”“通商口岸一览表”“清代年号及年数表”“驻外公使馆一览表”等，初版“德律风用法”换成了“电话”。当然，《日用须知》内容较单薄，插图少，不分类，读者会有不满足之感。这些欠缺很快由《日用百科全书》的问世而得到弥补。

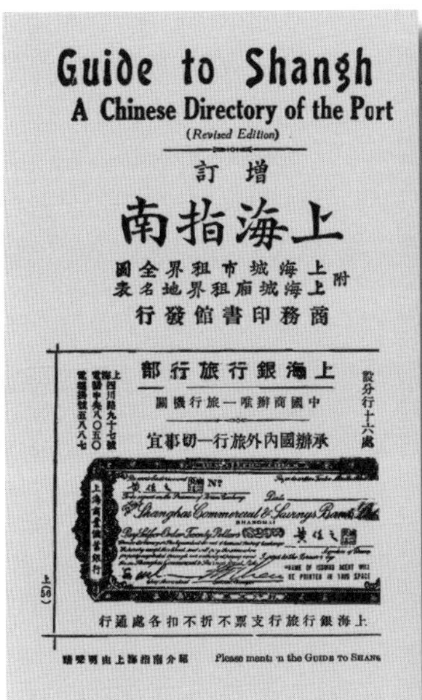

Guide to Shanghai
A Chinese Directory of the Port
12th Edition (Revised)
Commercial Press, Limited
All rights reserved

己酉年五月初版
中華民國十四年六月十一版
（增訂）上海指南一册
（每册定價大洋陸角）
（外埠酌加運費匯費）
編纂者 商務印書館編譯所
發行者 商務印書館
印刷所 商務印書館 上海北河南路北首寶山路
總發行所 商務印書館 上海棋盤街中市
分售處 商務印書分館 北京 天津 保定 奉天 吉林 龍江 濟南 太原 開封 鄭州 西安 南京 杭州 蘭谿 安慶 蕪湖 南昌 漢口 長沙 常德 衡州 成都 重慶 瀘縣 福州 廣州 潮州 香港 梧州 雲南 貴陽 張家口 新嘉坡
此書有著作權翻印必究
六九四九張

商务印书馆增订《上海指南》（1925年6月）封面和版权页

## 商务印书馆第一种分类百科全书

《日用须知》畅销之际，1916年商务印书馆开始着手筹备更大规模、真正意义的分类百科全书的编印工程。编译所由王言纶、何崧龄、陈铎、周越然、刘大绅、庄适、平海澜与唐敬杲等八人组成编纂组，王、何二位任主任。不想中华书局1919年3月抢先推出《国民宝库全书》，号称“大纲二十四，细目三千余则，字数一百余万，页数八百余”。[③] 面对竞争对手挑战，商务印书馆加快了印制步伐。

张元济的馆事日记自1919年初开始频繁出现《日用百科全书》的记载：“催《日用百科全书》电本、旅馆广告。”[④] 同年4月3日张元济日记“编译”栏记曰：“商定印刷《日用百科全书》办法。”[⑤] 可见该书已经定稿并进入印刷阶段。6月14日张记曰：“梦（按指编译所长高梦旦）约鲍（按指印刷所长鲍咸昌）、谢、邢及余，商定《日用百科全书》出版日期定于七月十五日。自本月廿五日起，每日可出一千部，并拟定添拨印架及订书女工。”6月16日张又在日记“发行”栏记曰：“约符干臣、李守仁与梦翁商定配发各分馆《日用百科全书》办法。”[⑥] 由此可见，该书作为商务重头书一直在经理张元济亲自督促和协调中。

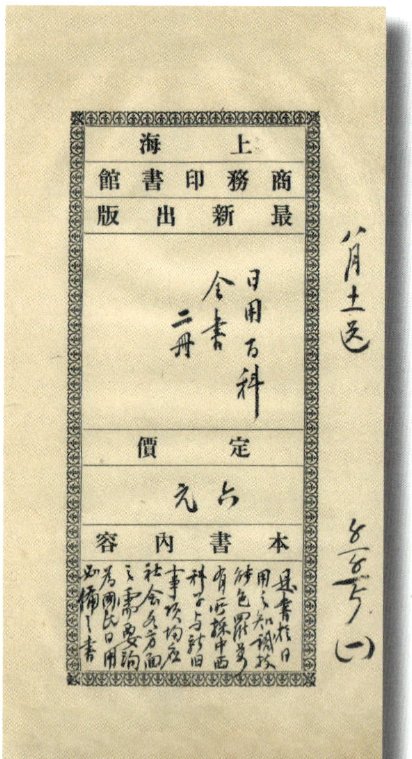


商务印书馆《日用百科全书》广告底稿（新闻出版博物馆藏）

1919年6月《日用百科全书》出版，受到读者广泛欢迎。全书上下两大卷，共3021页，约400万字，32开版精装印行，售价6元。其分量与内容远远超过中华书局版《国民宝库全书》。据当时商务印书馆一份广告底稿称：

《日用百科全书》二册，8/8/5（一），八月十一送，　六元

是书于日用之知识技能包罗万有，所采中西

科学与新旧事项均应社会各方面之需要，洵为国民日用必备之书。[7]

根据“八月十一送”字样，很快在这天《申报》第一版找到这个商务广告，但文字稍异：“是书于日用之知识技能，包罗万有。所采中西科学与新旧书事项，均应社会各方面之需要，切合实用，为国民日用必备之书。”[8]另一份商务广告也称：“本书凡属日用不可少之常识，关于科学、艺术、职业以及国家、社会、家庭各方面，无一不备。全书纲举目张，条分缕析，极便观览。”广告词概括为“实业之秘箧”“智识之渊海”“商人之宝筏”“艺术之府库”“社交之南针”“旅行之良伴”。并以“日用要书”“各界必备”相号召。[9]编辑大意云：

近世学术进步，新理想新事业之发明，日诏吾人以共趋于文明之途。吾人应如何预储种种学识，以应世会之文明。惟是学术繁博，将从何处预备？欲博览群书，则日苦其短。设有一书，包罗万有，举凡有用之学术，无不赅备其间。小叩则小鸣，大叩则大鸣，则正合乎时势之要求，而为文明之利器也。本书蕲副斯旨，因搜集中西图籍、杂志、报章，取其切于实用者，汇纂成书，共分四十四编，都为四百万言。凡属日用不可少之常识，关于科学、艺术、职业以及国家、社会、家庭各方面，悉赅备焉。书内纲举目张，条分缕析，以便观览，务使国民省有用之脑力，而得应用之常识。至所有材料，除选录成著外，大都由撰译而成。原始要终，与剽窃成书者，不可同日而语。

接着，从科学、艺术、实业、政法、社交及家政六个方面，介绍“本书编纂之旨趣”。“凡为文明国民，应具普通之科学知识。本书为科学普及起见，因注重于日常之事物”，如星象、天气测候法、各种历法表、中外地图以及“近世科学知识，罔不具备”。艺术方面，指“普通职业上必要之技能”，包括书法、算术与簿记三类，此外照相、印刷、刺绣、编织等家庭所应有的各种技能，也都具备。实业方面包括“农艺之种植

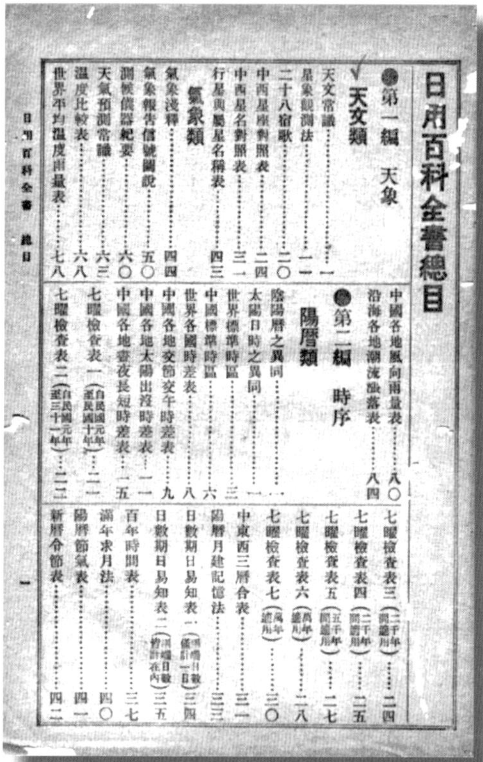

日用百科全書總目

第一編 天象

天文類

天文常識……一
星象觀測法……一一
二十八宿歌……二〇
中西星座對照表……二四
中西星名對照表……三一
行星與屬星名稱表……四三

氣象類

氣象淺釋……四四
氣象報告信號圖說……五〇
測候儀器紀要……六〇
天氣預測常識……六三
溫度比較表……六八
世界平均溫度雨量表……七八
中國各地風向雨量表……八〇
沿海各地潮流漲落表……八四

第二編 時序

陽曆類

陰陽曆之異同……一
太陽日時之異同……一一
世界標準時區……三
中國標準時區……六
世界各國時差表……八
中國各地交節交午時差表……九
中國各地太陽出沒時差表……一一
中國各地晝夜長短時差表……一五
七曜檢查表一（自民國元年至民國十年）……二一
七曜檢查表二（自民國十一年至三十一年）……二二
七曜檢查表三（二千年間適用）……二四
七曜檢查表四（二千年間適用）……二五
七曜檢查表五（五千年間適用）……二七
七曜檢查表六（萬年適用）……二八
七曜檢查表七（萬年適用）……三〇
中東西三曆合表……三一
陽曆月建記憶法……三三
日數期日易知表一（兩端日數僅計一日）……三四
日數期日易知表二（兩端日數皆計在內）……三五
百年時間表……三七
滿年求月法……四〇
陽曆節氣表……四一
新曆令節表……四二

日用百科全書 總目 一

《日用百科全书》总目

法”“工艺之制造法”“商业之经营法”，都“悉采中西之长”“以期促进生产之能力”。政法方面的知识，为保证“人民在共和政体之下，有参政之权利，有守法之义务”，选录政治、法律、外交、财政、租税等关涉国计民生的章程、法规。社交、家政方面则收录相关饮食起居、卫生健康等公民应具备的各种常识。

全书大体保持传统类书天、地、人格局，又融入许多西学的分类，共44编：

天象 时序 地理 历史 教育 哲学伦理 文学 书画 算术 簿记 公文 契约 柬启 尺牍 楹联 礼制 政治 法律 外交 军政 交通 邮电 财政 经济 租税 商业 农业 畜产 蚕桑 染织 制造 理化博物 美术 生理卫生 保育 衣服 饮食 居住 家庭 医药 运动 游戏 音乐 术数

每一编分若干类，每一类又有若干篇组成。如第一编“天象”分“天文类”与“气象类”两类。“天文类”由“天文常识”“星象观察法”“二十八宿歌”“中西星座对照表”“中西星名对照表”“行星与属星名称表”等6篇；“气象类”则有8篇：“气象浅说”“气象报告信号图说”“测候仪器纪要”“天气预测常识”“温度比较表”“世界平均温度与量表”“中国各地风向雨量表”与“沿海各地潮流涨落表”。非常实用，又相当专业。又如第五编“教育”，分“教育制度类”“教育事业类”与“宗教类”三个分类。“教育制度类”由“中国学制考”“各国学制考”“外国游学须知”“全国学校调查表”“世界大学一览表”“美国大学调查表”等6篇组成；“宗教类”又分作佛教、道教、基督教、伊斯兰教、印度教、犹太教及波斯教源流等7篇。诸如此类，该书内容无论自然科学还是人文科学，都已与世界

"接轨"，反映了世界最新科技文化知识，跟前述《日用须知》相比，无疑已有极大的更新与扩展。辑编分类清晰，观览方便，呈现出新文化运动以来出版业的新变化。

全书大量的图片与表格，生动形象，给人以直观效果和现代气息。连书中商务印书馆本版书的广告也穿插得当，与书籍内容有机统一。譬如，《日用百科全书》1925 年第 13 版下册始于第 21 编"交通编"，卷首刊有三页广告：一、商务印书馆出版"旅行者必读书"10 种，包括《中国旅行指南》《实用北京指南》《上海指南》《留美指南》《西湖游览指南》等；二、华英对照"五彩精印"《京汉铁路图》与《津浦铁路图》；三、两种专著，叶恭绰著《交通救国论》、王倬著《交通史》，各有内容提要及定价等信息。广告也属于该书不可或缺的组成部分。张元济一向重视图书广告，前文所引他"催《日用百科全书》电本、旅馆广告"一节，不是随便的指令，而是该书编辑计划的一部分。

八位编纂人整整三年的劳动成果，尽管预约 3 元、定价 6 元在当时的书价中属于高昂,但它显然很畅销,到1925年补编时已经出至第13版。

## 《国声集》的版权纠纷

《日用百科全书》印行中也出现过一些曲折。首先，1919 年 7 月 15 日，《日用百科全书》发行当日，张元济检查样书，发现差错。当日他的馆事日记"编译"栏记云："《日用百科全书》分目与书不符。书已抽去而目未删，计有三编。约梦翁谈，只可另备复信，俟有人诘问即答，否则必自声明。"[10] 编印 3000 多页的大书，环节众多，出现这样那样的差错似乎难免，但能被及时发现并得到补救，也是很不容易的事。当然在不久发行第 2 版时，此差错已纠正。

其次，该书与《国声集》的版权纠纷倒是一件麻烦事，张元济不得不亲自出面处理。《国声集》是沪上曲家周石僧编的一本昆曲书，1919 年 9 月由商务印书馆印行。该书分三编：甲编"流水板"，乙编"一眼板"，丙编"三眼板"。全书 100 页。原来《日用百科全书》第 43 编"中

《国声集》编者周石僧

乐类”的“丝竹工尺谱”篇，用了《国声集》中近6页昆曲工尺谱。编纂人显然没搞清《国声集》系作者自印，商务并不享有版权，且在原书尚未出版时，就不打招呼擅自采用书中内容，侵犯了对方版权，理所当然受到原作者的诘难。

张元济极其重视图书的版权。早在主持南洋公学译书院出版严复译著《原富》时，他就答应严复在书价中“坐抽几分，以为著书者永久之利益”的要求。除以二千元购下《原富》译稿外，还以定价二成给予版税。这是我国近代首次实行版税的可贵尝试。1903年秋他担任商务编译所所长之初，曾主持出版了《版权考》一书。这是一本介绍欧美版权历史与现状的小册子。该书署名“商务印书馆主人”的序文，极可能出自张元济手笔。序文强调“恐罔利之徒夺人之利以为利”，应该设立商标、版权之律，“而关系于文明之进步者，独以版权为最驳”，呼吁政府早日设立版权专律。[11] 张元济知道《日用百科全书》与《国声集》的版权纠纷是商务理亏，他先请张蟾芬出面调解。在他的日记中接连记下处置经过：

1919年7月26日：“托蟾芬调处周石僧曲谱版权交涉事。”

1919年7月28日：“周石僧与《日用百科全书》交涉版权事，昨日托蟾芬往商。”

1919年7月30日：“《日用》版权交涉事，周君要求第一条，不允。第二条，存书以六折包销，约三百元。第三条，以后再版声明转录。但蟾芬言，彼仍不允。”

1919年7月31日：“告蟾芬，《日用百科全书》计三千三百面，抄《国声集》工尺，增不过六面。以每部三元论，每部不过五文。即以八万计，亦只四百千文。现已将未印各板赶紧补注转录字样。”[12]

由于双方偕价不合，调解陷于僵局。张元济 8 月 4 日日记写道："《日用百科》版权交涉，蟾芬谓，前途坚持五百元，惟寄售可减。余初再加一二百元，继思欲壑难填，恐难了结。本日商惺翁（按指陶葆霖），拟听其起诉。"⑬ 商务印书馆已作好打官司准备。但张元济听取各方意见后，权衡利弊，最后决定让步，以收购《国声集》版权解决纠纷。8 月 14 日他在馆事日记中记云："《日用百科全书》交涉，张铁民谓能出五百元，当代商，否则作罢。余告惺翁，只可承认，即再加一百，亦无不可。"9 月 2 日："《日用百科全书》交涉，张铁民亦不愿与闻。本日招周君午饭，周又辞，即去信约其今明订期面谈。"9 月 3 日："《日用百科全书》交涉事，周君来信托病，请叶藻廷代表全权解决。磋商良久，给予九百卅元，将版权买入。余书千部交与本馆，并立草约。"⑭

《日用百科全书》印行中的这个小插曲，《国声集》原作者得了实惠，商务买个教训，也算收获。从此公司上下版权意识得到加强。

郑振铎在《一九一九年的中国出版界》一文里，认为这一年"有一个坏现象：就是'竞争'。你出版一本《家庭万宝全书》，我又出一种《日

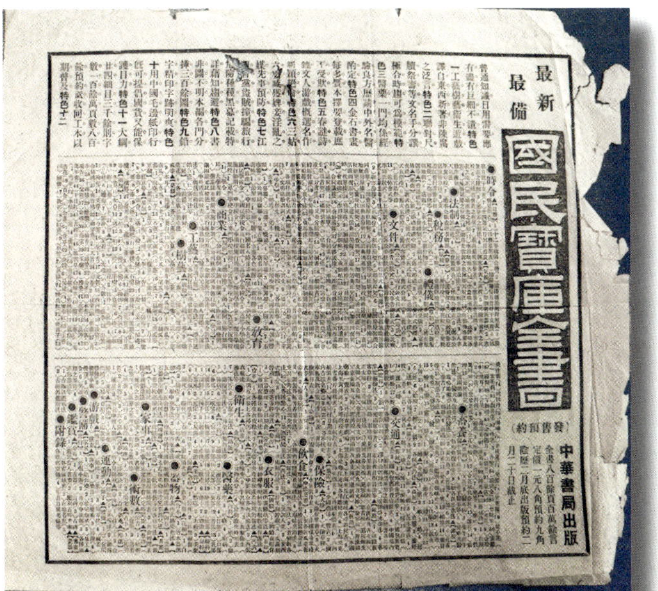


中华书局《国民宝库全书》广告

用百科全书》，他也随即出了一本《国民百科全书》……他们把出版界看作一种投机、牟利的机关，实在有些危险”。[15]这位新文学健将似乎对此类日常用书颇有微词。其实，中国尚未走出中世纪的愚昧，普通民众普遍缺乏世界的观念，缺乏现代知识，亟待启蒙，让智慧之光驱除愚昧，开启民智。多一些《日用百科全书》之类的书有什么不好呢？竞争中读者也自有眼光选择。商务的《日用百科全书》，就比广益书局《国民日用百科全书》与中华书局《国民宝库全书》更为畅销，中华图书集成公司的《家庭万宝全书》更无法与之比肩。

## “补编”突出教育文化

张元济在《日用百科全书》正式发行前夕就通知编译所：“请接编《日用百科全书》续编，或补遗。”[16]在 1925 年 2 月第 13 版后的三个月（1925 年 5 月）商务印书馆隆重推出一厚册《日用百科全书补编》，32 开，精装，共 2075 页。编纂人六位：何崧龄、王云五、阮湘、唐敬杲、胡君复、徐寿龄。商务第三任编译所长王云五的亲自介入，为这部畅销书增添什么呢？请看书前的“编辑大意”：

> 本书自正编发行后，已叠版十余次，颇承社会称许。唯有用之材料，遗漏尚多，为补救此项缺漏起见，因搜集正编所未及选录之材料，将各编分别增补，都凡二百余万言，名曰补编。
>
> 本书内容仍分为四十四编。唯因补充有用之材料，特于二十三编增加“盐政”，二十七编增加“矿业”，四十三编增加“戏剧”，以期应用便利。
>
> 本书各编分类，仍循正编之旧。唯因增加材料故，分类略有增改。如“地理”则增“地理学”类，“历史”增“万国史”“杂史”两类，“教育”增“社会教育类”，“文学”增新旧文学两类，“交通”增“电车”“道路”“汽车”“航空”等类，“美术”增“化妆品”类，“生理卫生”增“静坐法”，“运动”增“技击”类，等等。又如“政

治”则改为“宪政”“地方自治”两类，“财政”改为“财政”“盐政”两类，“制造”改为“工业”“制造”两类。其他分类或缺乏相当材料，宁从缺略，俾切实用。

本书增益材料，均以补充必要之常识为主，如“天文”“气象”均有最新之论述，“地理学类”说明地球构成与中国地势变迁，“社会教育”尤详于图书馆，“新旧文学”足供参考之用。至于书画、照相、刺绣、编织之实习法则，农工商之制造贩卖，以及国家、社会之种种常识，均各补辑有用材料。

本书编纂旨趣，仍以切实应用为主，惟分类过繁，整理匪易，编校又颇需时日，故多随编随印，间有剞劂既竣，不及一一改正者，遗讹之处，惟当世君子教之是幸。

由此，我们可以知道“补编”突出了教育文化，显而易见与新文化运动的影响有关。举第五编“教育及宗教”为例，该编有“教育制度类”“教育事业类”“社会教育类”与“宗教类”四部分组成。“社会教育类”最为详尽，有如下七个材料：“各省图书馆概况一览表”“各省图书馆名称一览表”“各省主要图书馆调查表”“近代图书馆制度”“世界大图书馆一览表”“欧美新闻事业概况”“地方报纸编辑法”。

当时全国图书馆共 119 座，藏书 319.23 万册，其中北京、山西、江苏（应包括上海）、浙江、奉天（今辽宁）稍多，其他省份甚少，大多仅一二座。“世界大图书馆一览表”没有各国图书馆的全部数据，仅列世界几座著名图书馆的藏书量，比之我国已让人汗颜：英国伦敦博物馆 400 万册，法兰西国立图书馆 350 万册，俄罗斯帝国图书馆 188.2 万册，美国国会图书馆 179.4 万册，德国柏林图书馆 140 万册……关于欧美新闻事业，“补编”引录《大英百科全书》统计，1900 年时全世界发行报纸 31026 种，美国就占去一半，达 15904 种，德英法三国各达二三千种。中国多少，没有数据，可见寒酸至极。编纂者极力介绍近代图书馆制度以及地方报纸编辑法，显然是希望中国能加快发展自己的图书馆和新闻事业，赶上世界潮流。

“补编”第七编“文学”分“文字类”“新文学类”“旧文学类”三类。“新文学类”收有“印度犹太及欧洲文学界之伟人”“近代文学上的新浪漫主义概说”“语体文的修辞学”“诗的分析法”“诗的比较说”与“请颁布新式标点符号议案”等篇。这些与革新后的《小说月报》等新文学书刊，精神上是相通的。

## “重编”体现新体例、新内容

1932 年“一・二八”事变中，商务印书馆遭受了重大损失。正编纂中的新版《日用百科全书》书稿，也毁于日寇的轰炸与焚掠。但是商务人没有屈服，几十位编纂人从头开始，两年后的 1934 年 5 月，一部彻底修改过的三卷本《重编日用百科全书》诞生！出书之前商务先印了一本 28 页的样本，广为散发，预约征订。样本包括重编者与原编者名单、例言、预约简章、订单、总目以及十多页样张。

《重编日用百科全书例言》云：

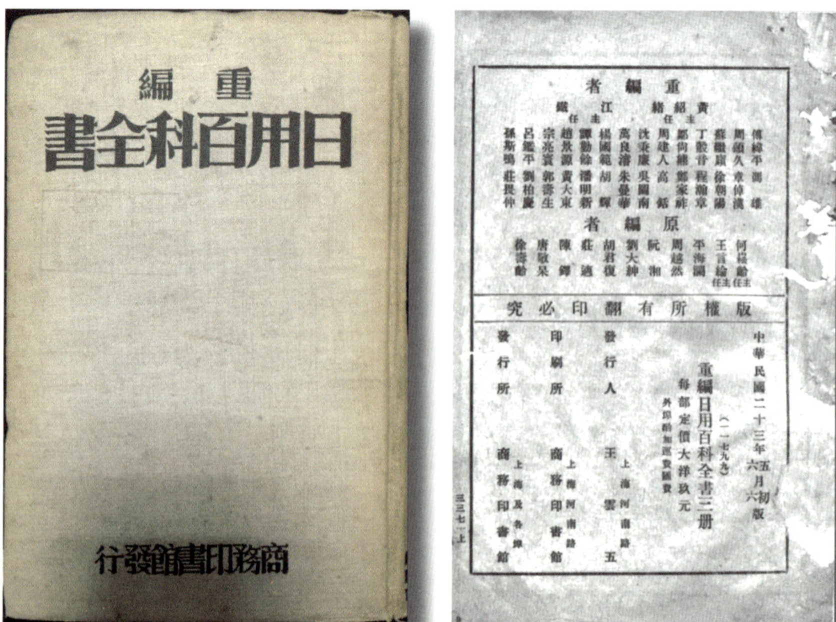


《重编日用百科全书》（1934 年）封面与版权页

本馆前出《日用百科全书》，颇受社会称许。惟十余年来，社会改革既多，各种新思想、新学术及新事业之发生，如春笋经雨，瞬息变观。吾人为应付目前日常生活环境之需要，遂觉十年前编著之本书，或有罅漏，或失时效。因此本馆于民国十八年，即从事增订。逾两年，稿成付印，而总厂突遭“一·二八”之难，全稿化为灰烬。复业以后，重新搜集材料，全部彻底改编。虽“一·二八”前所搜集之某种材料，于今不可复得，然斯编所收，亦有许多资料为“一·二八”前所无，或虽有而难于觅致者。总计前后费时五载，经历巨劫，幸得成书，其中艰苦，无待详陈……

编纂者对改编旨趣写道：“《日用百科全书》既为供给一般人士之普通读物，则其本身至少须备具‘完备’‘简明’‘实用’三条件。”“故本书取材范围，力求包涵广大。凡科学、哲学、技术、艺术、历史、地理、农工、教育以及国际、社会、家庭各方面之知识，无不赅备。同时篇幅又不能过多，故各科取材侧重方法之介绍，不尚空论。文字方面，则力求浅易。关于学术、技术等比较专门之知识，亦加以通俗解说，俾深者见深，浅者见浅。”全书体例较原书有很大变化，目次大体依照中外图书统一分类法，由原先的 44 编缩改为 30 编：

总类 哲学及宗教 社会学及统计学 政治及行政 外交 经济及商业 法律 财政 军事 教育（以上上册）

语文学 算学 历象 理化博物 医药卫生 物产 工程 农业 家庭 簿记 会计及审计（以上中册）

交通 化学工艺 美术 体育 音乐及娱乐 文学 应用文件（附礼制）历史 地理（以上下册）

《重编日用百科全书》在确定新体例框架的同时，对内容做了重大调整。首先摒弃了经典类书天、地、人的类别划分，淘汰了包括那些讨论“术数”和“礼制”的某些编，删减了旧材料中不重要或失时效的内容。

其次增加“总类”“社会学及统计学”“物产”“工程”等编。一些编名相同而材料完全更易，如“经济及商业”“法律”“财政”“军事”“教育”及“交通”等编。其余各编均经增补许多新材料。书后引入按王云五四角号码检字法编制的索引，便于检索文本中的信息，也成为新的特色。

书中的图片、表格比比皆是，特别关于科学内容，通过图片、表格解释各种科学现象，形象生动，易懂易学。以中册第13编“历象”“天文类”为例，所配插图有太阳系图、太阳各气层图、行星大小比较图、五带图、四季图、经纬线图、晦朔弦望图、月蚀（食）图、日蚀（食）图、潮汐图以及彗星、流星结构与变化示意图；所配表格则有流星出没时间表、星云之种类、中外主要天文台表、世界大望远镜表、太阳系行星表、太阳行星月球恒数表、中西星座对照表等。

新的体例、新的内容，让读者们眼前一亮。第二个月就发行再版，当年发行至第7版，1935年1月又发行第8版……

《重编日用百科全书》的许多内容，今天已成为有用的历史资料，如第一编“总类”中“新闻学类”第8项，全国主要日报调查：日出四大张以上、发行数在10万份以上者，有《申报》《新闻报》，发行数均为15万份；而当时的《中央日报》只列于12种“日出两大张以上，发行数在1万份以上”的报纸之列，发行数1.5万份。全国报纸及通讯社分省统计表等都是相关领域研究所必需的史料。老书出新意，看你有没有眼光和耐心去寻找。

从《日用须知》到《日用百科全书》以及“补编”“重编”，商务印书馆的日常用书出版走过了二十多年历程，也为百科全书的编印积累了丰富经验。王云五主持之初，编译所新设百科全书部，1923年开始编印《百科小丛书》420种、《万有文库》1010种。除《日用百科全书》的补编、重编外，冠有“百科全书”名的还有1924–1926年间王云五主编的《少年百科全书》9种及《百科名汇》。

商务印书馆作为民国时期规模最大、最为雄心勃勃的出版机构，以普及教育为己任，非常关心中国的普通读者。通过一大批日常用书这个公共文化平台，它在寻找普通读者的同时，也试图对他们加以影响——

改变他们的知识结构，以适应时代的变化。其经验值得我们总结和学习。

（本文作者为张元济、商务史研究专家）

注：

①〔加〕季家珍《寻找中国的普通读者——商务印书馆的〈日用百科全书〉与民国时期的知识文化》，《商务印书馆与中国现代文化的兴起国际学术讨论会论文集》（上），第12页，2017年8月。

②据1918年2月《商务印书馆图书目录》“教育部审定通俗教育讲演参考书”项下，有不少属于“日用必携”类图书。如《幼儿保育法》（顾倬）、《中国风俗史》（张亮采）、《中国商业史》《中国工业史》（陈家锟）、《农话》（陈启让）、《普通博物问答》《常识谈话》《雷电志异录》《生物学问答》（王倬）、《卫生新论》（吴竟）、《鼠疫》（谭其康）等。

③中华书局广告，原件。

④1919年1月18日张元济日记，《张元济全集》第7卷，第11页，商务印书馆2008年12月。

⑤同上，第48页。

⑥同上，第81、第82页。

⑦商务印书馆广告底稿原件第二函，第242页，新闻出版博物馆藏。

⑧《申报》1919年8月11日。

⑨见《上海商业名录》1920年版广告。

⑩《张元济全集》第7卷，第94页，商务印书馆2008年12月。

⑪《版权考》，商务印书馆光绪二十九年九月，原书。

⑫同上，第100、第102页。

⑬同上，第104页。

⑭《张元济全集》第7卷，第108、第118、第119页，商务印书馆2008年12月。

⑮原载1920年1月1日《新社会》第7号。

⑯1919年6月23日张元济日记，《张元济全集》第7卷，第85页，商务印书馆2008年12月。

# 泰东图书局的马克思主义著作出版

张国伟

马克思主义在中国的传播，包括理论学说的介绍实践运用和著作的出版发行流通。在这些著作的出版传播过程中，中小出版社扮演着重要角色。它们的出版活动，既生产了阅读资料，又表达了社会意愿，还扩大了马克思主义的影响范围。本文即以泰东图书局为视点，探究它出版马克思主义著作的相关情况，呈现彼时的文化理想、商业诉求和市场活动等因素与马克思主义著作出版之间的互动，丰富马克思主义传播的历史脉络。

## 待重视的出版社

泰东图书局是民国时期上海的一家出版社，成立初期与政学系关系密切，主要经营者是河北曲阳人赵南公。这家大约存在24年的出版机构，在当时的出版界和后世的文学史研究领域有着重要的地位。之所以如此，很大原因在于它与文学团体——创造社的关系。关于民国期刊社、出版社的研究涉及泰东图书局的论述，亦多注重于此方面。

文学读物是泰东图书局当时重要的出版内容，而不太为人所知的是社会科学类图书同样是泰东图书局的重要产品，某种程度上，甚至更胜一筹。马克思主义著作就是泰东图书局当时社科版块的拳头产品，而这一点迄今仍未得到学术界充分的重视。研究它与马克思主义传播之间的关系，具有相当的学术价值和现实意义。

## 马克思主义著作出版的先行者

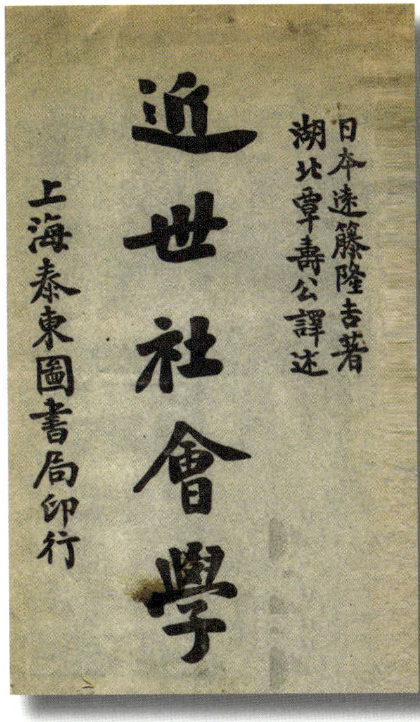


《近世社会学》

泰东图书局介入马克思主义著作出版的时间比较早，在中国共产党成立之前，它就“出版过传播马克思主义的书籍”。[1] 1920 年 5 月，泰东图书局出版的《近世社会学》[2] 就涉及马克思主义的理论内容。此书出版后，颇受社会欢迎，至 1924 年 7 月，已经发行到第四版。马克思、恩格斯经典著作及其节译汇编和通俗性著作，是泰东图书局出版马克思主义著作的三种主要形式。

大革命失败后，“出版界渐渐要求马克思主义文献，这个要求后来更加迫切，以致小书店呈雨后春笋般出现，竞争着出版马克思主义书籍”。[3] 在这股雨后春笋的潮流中，泰东图书局的表现相当活跃。它不仅出版马恩经典著作，还出版大量通俗性理论图书。

1928 年 4 月起，泰东图书局率先组织推出了“马克斯研究丛书”。彼时，全国出版此类丛书且如此为丛书命名的出版社，少之又少，泰东图书局则是其中之一。[4] 该丛书共 10 部著作，由朱应祺、朱应会兄弟编译，于 1930 年 10 月出齐。

丛书中属于马恩经典著作的有两种，分别是《马克斯工资价格及利润》（《工资、价格和利润》）和《马克斯工资劳动与资本》（《雇佣劳动与资本》）。这两本著作均把原作者标注为马克斯。

在《马克斯工资价格及利润》的“序言”中，译者解释了此书的来源，为了便于读者的理解，还加了四个备注。[5] 根据河上肇的日译本翻译而成的《马克斯工资劳动与资本》是丛书中唯一一部注明从日文本翻译来的图书。全书共分三大部分，分别介绍了著作形成背景、工资是什么以及由什么决定、商品的价格是如何决定的等内容。

丛书其余几册，除《马克斯及恩格斯评传》外，均是对德国著名社会学家和马克思主义理论家科诺（Heinrich Cunow）的著作《马克斯的历史、社会和国家理论》的摘译。其中《马克斯经济概念》《马克斯民族社会及国家概念》《马克斯的伦理概念》来源于科诺著作的第二卷第五章《社会生活技能之经济方法》、第二卷第一章《民族、社会及国家概念》、第二卷第九章《马克斯主义与伦理》，《马克斯的唯物历史理论》系科诺著作的第二卷第六章《马克斯的历史理论》，《马克斯的阶级斗争理论》《马克斯的国家发展过程》和《马克斯的家族发展过程》则分别是科诺著作的第二卷第二章《马克斯的阶级斗争理论》、第三章《社会生活和共同体生活的国家以前的发展阶段》和第四章《家庭发展过程》。[6]

“马克斯研究丛书”之外，泰东图书局还陆续出版印行了《劳动经济论》《社会主义发展史纲》《从猿到人》《科学的社会主义梗概》《马克斯主义的基本问题》和《唯物史观》等著作。

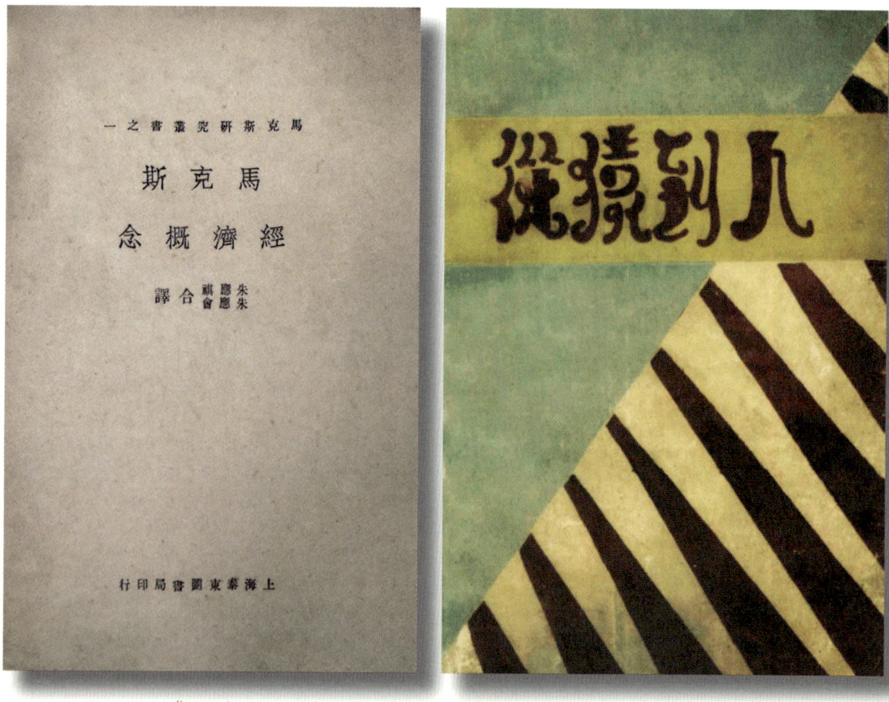


《马克斯经济概念》与《从猿到人》

1928 年 6 月，泰东图书局印行黄思越根据堺利彦译本转译的恩格斯著作《社会主义发展史纲》。[7]“译者序”介绍了《社会主义发展史纲》的历史渊源。在这本书的“重译者跋”中，因倪斯（恩格斯）被介绍为“仅次于马克斯之社会主义之著作家”。[8]

1930 年，恩格斯名著《劳动在从猿到人转变过程中的作用》经成嵩翻译被编进《从猿到人》，也由泰东图书局出版。全书采用横排方式印刷，包含两章内容，分别是哥列夫的《对马克思主义与达尔文主义相互关系的分析》和恩格斯的《劳动在从猿到人转变过程中的作用》。

画室翻译的《科学的社会主义之梗概》经由泰东图书局印行。[9]其中的马克思主义章节部分，涉及唯物观、辩证法、唯物史观、经济学说和实际政策等内容，几乎涵盖了马克思主义的全部理论思想。在译者看来，“也还够包括内容的”。[10]

泰东图书局还相继推出了一些解释马克思主义的通俗性著作，如《马克斯的伦理观念》《马克斯主义的基本问题》《近代唯物论史》《唯物史观》等。《马克斯的伦理观念》根据马克思的唯物史观说明道德法则的非永久性，并从人类学、人种学及民族学的角度说明道德法则会随着生活条件的变化而变化，批驳了康德的“永久的最高道德原理”，指出了新康德派以康德伦理学来补足马克思主义理论的不彻底性。

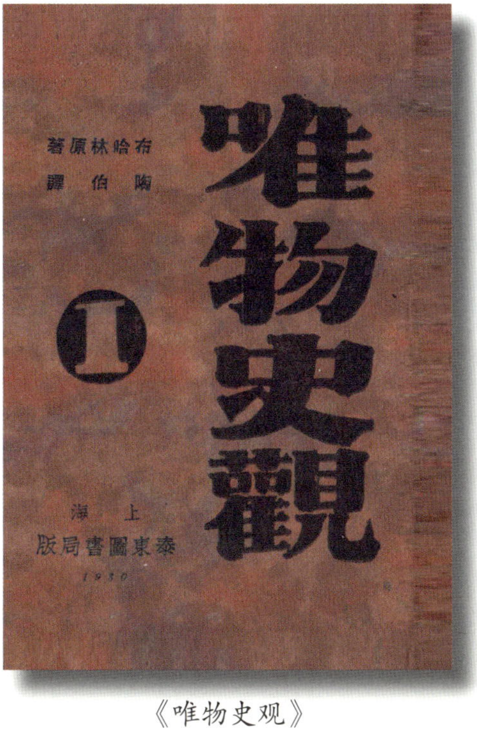

《唯物史观》

《唯物史观》的“译者序”提醒读者，“必须特别注意于马昂两氏对于此种方法论（历史唯物论）之如何运用”，要注意马克斯、昂格斯（恩格斯）在“他们一切著作中和一切行动中如何灵活地、准确地运用了此种方法”。[11]

这些通俗性图书的出版，在对马克思主义理论进行解释的同时，也从多个方面完善、系统地介绍了马克思主义的内涵和理论，为当时寻找各种哲学理论和社会治理方法的中国人提供了新的思考方式。

## 文化、商业和市场的奏鸣

1927年大革命失败后，政治界、思想界和学术界对中国的命运前途给予了更多的关注和讨论。他们开始反思马克思主义与中国革命和中国社会之间到底有什么样的关系，马克思主义的讨论、中国社会性质大争论等活动随之而来，出版界的马克思主义热亦顺势而起。这股热潮，在泰东图书局的出版活动中反映得相当明显，而且表现出了更复杂的面相，文化、商业、社会理想等均交织其中。

按照霍尔（当代文化研究之父，文化理论家）的观点，表征通过书面语言、口语和符号等“语言”形式对各种概念的意义的生产。[12] 通过文字等符号，人才能传达世界的意义。以此观之，图书著作的告白和介绍性文字，不仅是对其内容的精炼概括，亦表征了编译者、出版方等群体的意图，投射了他们的某种态度和立场。

在泰东图书局看来，马克思主义的理论思想对解释、解决当时中国社会问题，具有相当强的指导作用。在介绍《马克斯工资价格及利润》时，出版方一再声明此书的学术性和指导性，“这本书的内容总可算是马克斯经济学的骨子，又可说是《资本论》的缩图”，[13]“页数虽少，而《资本论》上的重要问题都已涉及”，读者“不可不先把这本小册子反复读熟”，唯有如此，方可以理解社会问题。《马克斯工资劳动与资本》的“译者小引”还特意说明，该著作“流行于世，极受民众欢迎”，仅日译本“不满三年，即销售三万余部”。[14] 这些都反映泰东方面从文化角度对于此类图书的接纳和信服。

对泰东图书局而言，社会上的马克思主义图书盛行，但是这些图书“千部一面”，质量参差不齐，“阐明马克斯的唯物史观精义的固然很多”，但是曲解谬误的“亦复不少”。[15] 泰东方面认为，科诺是“研究马克斯的泰斗”，他“以学者态度阐明马克斯之学说”，其著作“不愧为研究马克斯之名著”，[16]“一方面指摘马克斯的错误，一方面驳诘马克斯批评家的曲解”。[17]《从猿到人》，被誉为“研究唯物哲学的人一部必须的参考书”。[18]

值得注意的是，此类马克思主义著作已经表现出了对各种标榜马克思主义思想图书的鉴别。《唯物史观》一书中，译者就说明该书在“建立历史唯物论的系统方面”贡献的同时，还 “有不少的错误和应提出讨论的”，其中主要的错误就是布哈林“机械论的主张”。这表明，译者对于马克思主义已经有了比较深入的理解，并且能够自主地分辨某些观点的正误。

抛开后世的一些因素，仅以当时而言，这些话语表达的不只是泰东对马克思主义的态度，更是民众对用马克思主义理论方法指导中国的殷切期许。泰东图书局适时地契合了社会情绪，同时也顺应了出版业的经营之道。当时上海出版业竞争非常激烈，以“商中世大开（商务印书馆、中华书局、世界书局、大东书局、开明书店）”为主的大出版社已经有自己的教科书等拳头产品，自是无须担心经营和收入问题，而中小型出版社则必须紧随社会潮流，出版适销对路的图书。

社会性质大讨论如火如荼进行，刺激民众对马克思主义著作的需求。这意味着马克思主义著作的市场前景相当广阔，因此成为中小出版社可能施展作为的场所。仅在 1930 年前后，各中小出版社就推出了《哲学之贫困》《宗教・哲学・社会主义》《费尔巴哈论》《资本论（第一卷第一分册）》《反杜林论》《政治经济学批判》等马恩经典著作，以及各种解释马克思主义的通俗著作和打着马克思旗号蹭热点的图书。这些出版物为数量众多的中小出版社均带来了不菲的收入。[19]

适时推出马克思主义图书的泰东图书局，自然也从中获得了不少经济回报。单“马克斯研究丛书”的发行就相当可观：《马克斯工资价格及利润》的定价是大洋 2 角，《马克斯工资劳动与资本》定价大洋 4 角 5 分，《马克斯的国家发展过程》定价大洋 4 角 5 分，这三本书分别首印1500册、2000册、1500册，码洋高达1875元。按照当时出版业的行业规律计算，这三本新书为泰东图书局带来的利润约562元。[20]

"马克斯研究丛书"各书都在短时间内再版重印，通过边际效益推算出，只凭此套丛书，泰东就进账不少。

不仅丛书的销售业绩不俗，其他类型的马克思主义著作同样受市场欢迎。《唯物史观》1930年4月初版，全书共3册，定价3元，首印2000册。当年10月再版又印2000册。《马克斯主义的基本问题》1930年9月初版时定价大洋4角5分，首印1000册，次年再版。《社会主义发展史纲》1928年6月初版，次年4月再版。这些图书的畅销，同样是书业市场和读者对泰东图书局的金钱回报。

1927年后，中国出版业进入黄金时期。泰东图书局出版的马克思主义著作，在表达文化追求、获取金钱利益的同时，广受欢迎，行销到全国各地，千里之外的长沙地区也有此类图书的踪影。

与此同时，政府方面的惩罚也随之而来。1929年7月3日，国民党湖南清乡司令何键上奏国民政府，汇报对长沙泰东图书局的查封。原来湖南清乡司令部搜查长沙泰东图书局时，查到了泰东图书局出版的马克思主义著作若干本和马克思像一张。[21]何键请求政府下令江苏省政府查封上海泰东图书局，泰东图书局的老板赵南公也因此被传唤，最后在同人的斡旋下，以罚金了事。[22]这只是泰东图书局因出版马克思主义图书受到惩罚的众多案例之一，但这种惩罚，并没有影响泰东图书局及赵南公继续出版此类图书的态度。《革命哲学》出版后引起租界工部局的注意，赵南公在日记中认为世界社会无不处于革命状态，出版此书纯粹是为社会提供一种思想资源，让民众对社会有更深刻的理解，"如以为危险未免看得太狭"。[23]此中也大致可以看出泰东图书局出版马克思主义著作的多种复杂心态与考量。

## 结　语

清末民初以来，马克思主义以报刊图书为媒介来到中国，并不断产生影响。20 世纪 20 年代后，中国社会走向何处，成为社会各界的重要议题，人们纷纷介入此种议题中，试图寻找解决中国问题的理论指导，这吸引了不同人士对马克思主义的关注与讨论。而这种现象亦成为出版社和传媒机构“可以利用的思想资源和符号资本”。[24]

伴随马克思主义有关图书的出版，出版社的各种意愿和诉求也得到不同程度的释放和表达。正是在这种复杂的活动中，马克思主义著作才源源不断地被编印出来，走向读者，走向民众，并在他们那里产生各种意义和影响。

泰东图书局只是这一潮流的缩影和冰山一角，正是成百上千个此类出版社的这种活动，助推了马克思主义从思想成为思潮，从学术理论成为中国革命和建设的指导思想。随着当下中国对马克思主义的系统学习、运用和宣传，我们或可从几十年前的出版活动中，寻找到有益的借鉴，认识马克思主义思想传播的重要性和多面性。

（本文作者为河南大学新闻与传播学院、河南大学融媒体研究中心副教授）

注：

① 周武：《中共创建中，商务印书馆扮演了什么角色》，《解放日报》2016 年 8 月 23 日，第 11 版。

② 〔日〕远藤隆吉著，覃寿公译：《近世社会学》，上海泰东图书局，1920 年。

③ 郑超麟：《郑超麟回忆录》，北京：东方出版社，2004 年，第 311 页。

④ 还有商务印书馆出版的由共学社编译的“马克斯研究丛书”，人民出版社推出的“马克斯全书”。

⑤“序言”，载马克斯著，朱应祺、朱应会合译：《马克斯工资价格及利润》，上海泰东图书局，1929 年，第 2–3 页。

⑥郭广迪，王志林：《朱应祺、朱应会对马克思主义在中国早期传播做出的贡献》，载《马克思主义在中国的传播与实践学术研讨会》，厦门大学，2018 年。

⑦即《社会主义从空想到科学的发展》，恩格斯译为“因倪斯”，埚利彦译为“六利彦”。

⑧黄思越：“重译者跋”，载《社会主义发展史纲》，上海泰东图书局，1928 年，第 93 页。

⑨此书经由日译本翻译而来，画室将书名从《马克斯底略传及马克斯主义底梗概》，变更为《科学的社会主义之梗概》。

⑩“译者小序”，载画室译《科学的社会主义之梗概》，上海泰东图书局，1929 年，第 1 页。

⑪“译者序”，载陶伯译《唯物史观》，上海泰东图书局，1930 年，第 2–3 页。

⑫霍尔：《表征：文化表象与意指实践》，商务印书馆，2003 年，第 17–19 页。

⑬马克斯著，朱应祺、朱应会合译：《马克斯工资价格及利润》（译者小引），上海泰东图书局，1929 年，第 4–5 页。

⑭“译者小引”，载马克斯著，朱应祺、朱应会合译：《马克斯工资劳动与资本》，上海泰东图书局，1929 年，第 1 页。

⑮“译者小引”，载科诺著，朱应祺、朱应会译：《马克斯的唯物历史理论》，上海泰东图书局，1928 年，第 1 页。

⑯“译者小引”，载科诺著，朱应祺、朱应会译：《马克斯的经济概念》，上海泰东图书局，1928 年，第 1 页。

⑰“译者小引”，载科诺著，朱应祺、朱应会译：《马克斯的唯物历史理论》，上海泰东图书局，1928 年，第 2 页。

⑱“序”，载成嵩译《从猿到人》，上海泰东图书局，1930 年，第 3 页。

⑲详见张国伟：《马克思主义著作在中国的出版传播（1899–1945）》，华东师范大学博士论文。

⑳1930 年《出版月刊》第 7 期所载文章《出版家的趁火打劫》显示，根据出版印刷机构公布的信息，图书利润在 25.65%；《洪水》半月刊第一卷第三期、第五期登载的文章《出版界的混乱与澄清》显示，

图书利润在35%。结合同时期其他机构的资料，推测彼时出版业图书利润在30%左右。

㉑ 中国第二历史档案馆编：《中华民国史档案资料汇编第五辑》第一编文化（一），江苏古籍出版社，1991年，第317页。

㉒ 参见《亚东图书馆与陈独秀》《在出版界二十年》和《近代上海出版业印象记》等资料。

㉓ 赵南公：《赵南公日记》（第五册），1929年12月27日。

㉔ 张仲民：《出版与文化政治：晚清的“卫生”书籍研究》，上海书店出版社，2009年，第274页。

# 华东师范大学出版社的恢复和中兴

王世云

## 艰苦创业　一切从零开始

华东师范大学出版社最早是1957年成立的。当时全国高等学校只成立了两家出版社，一个是我们华东师范大学出版社，另一个是中国人民大学出版社。我们原来的副校长，后来兼过华东师范大学出版社社长的郭豫适曾经讲过，在20世纪50年代，大学能成立出版社是一件了不起的事情。当时社里人比较少，只有11个人，社长叫王仙舟。后来他年纪大了，回到苏北。我们也想办法找他访谈，但找不到了。那时出版社出了很多书，其中大部分是一些教材，特别是函授教材，还有一些杂志。那时候办函授，华东师大搞得比较好，有个函授教育处，出版社有很多函授教材发到各地。但是刚成立一年多，由于国家出版工作调整，出版社就停办了。

这一停，就停了将近20年。1979年，我在华东师范大学校长办公室工作，担任校长秘书、校长办公室党支部书记。教育部高等教育司司长季晓风跟我们学校联系，说我们出版社可以恢复了，写一个复社报告。知道这个情况后，学校就马上写了报告，申请恢复华东师大出版社，并成立一个筹备小组，周原冰、林远两位副校长亲自关心这一工作，杜曰喜负责具体工作。1980年6月，国家新闻出版局和教育部同意复社的

林远

杜曰喜

正式批文下来了，学校马上就成立出版社的领导班子，林远担任社长兼总编辑，杜曰喜担任直属党支部书记，我从校长办公室调过来任副书记，还有副社长向阳、副社长兼副总编辑石啸冲，另外钱谷融、周本湘等任副总编。

出版社恢复了，领导班子也成立了。但名为恢复，实为新办，一切从零开始，当时是很困难的。没有房子，没有人，没有经费，也没有经验，我们基本都不是搞出版工作出身的。首先要解决的是房子问题，开始我们是在学报编辑部里办公，后来，学校给我们一处师大一村的平房，是原党委书记常溪萍的房子，四室一厅，比较小，也比较陈旧，当时里面还住着两家人。这间小房子，就作为出版社办公用房了。房子有了，但桌椅都没有。我和杜曰喜两人找到学校的总务科科长，请他想办法给点桌子椅子。他让我们自己去仓库里找。我们就到仓库里捡了些淘汰下来的桌子椅子，骑着三轮车拖到一村，给大家分了。这样，大家才有了办公桌椅。

社里人不够，我们想办法到学校去调了一些人，也到其他出版社调人。我们从上海教育出版社找了两位，一位叫施希仁，是搞教育的，后来担任教育编辑室主任；一位是徐文伟，任出版科科长。他们带来了编辑和出版的经验。还有一位是中国科技大学毕业的李凌云，做过《自然科学》杂志的编辑，很有经验，任理科编辑室主任。

从学校调来的人中，有中文系的施亚西先生。她德高望重，本来搞教学的，专门研究诗词和写作，调来后，虽然不是她喜欢的工作，但还是服从分配，积极投入编辑，社里任命她为文科编辑室主任。现在社里的领导如王焰、阮光页等，都是在施先生的高贵品质和敬业精神的耳濡目染中成长起来的。

有了人，但多数没出版经验，也不熟悉编辑流程，我就带了各个编辑室的负责人，还有财务科、出版科的同志，去上海教育出版社取经。上教社领导热情接待我们，委托办公室主任华雄带我们到各科室去看，向我们介绍经验，而且把各科室的一些材料，如规章制度、账册等都给了我们一份。我非常感激上海教育出版社。从上教社回来后，我们马上结合社里的实际情况，制定了一些规章制度。另外，我们还请有经验的出版专家来社里介绍经验、做报告。

当时也没钱，我们虽然从学校财务处借了 20 万元，但主要是用来买纸张的，只能自己艰苦创业，其他开支能省则省。后来，人越来越多了，房子不够，学校又给我们一村西楼一间作理科编辑室，中楼两间作文科编辑室。虽然，建社之初，出版社的房子分作三处，但毕竟有了属于自己的地方。

## 抓住机遇　奠定立社根基

这时候，我们本着艰苦创业的精神，任劳任怨，积极组稿，认真编审，加快印刷，想办法出书、出好书。好书才是出版社的立社之本。当时“文革”结束、改革开放不久，社会上图书还是比较少的。我们出的第一本书就是《杜威教育论著选》。当时，学校在讨论杜威的教育思想。我们想着出版社要发挥学校的优势，为教学科研服务，就出版了我校教育系教授赵祥麟翻译的《杜威教育论著选》。开始印了 8000 册，后来又加印了 12000 册，总共 20000 册很快就发完了。

同时，我们又出了《高中文科复习资料》。社里有个编辑叫陈裕祥，后来做过总编办主任。他原来在师大二附中工作，二附中自己印了一本书叫《语文复习资料》，大概印了一万多册，花了很大的人力和精力，发行也比较困难。他到二附中去，说这书就给我们出版社吧，他们便同意了。我们立即组织有经验的教师进行修订，又增加了政治、历史、地理的内容，分为二册，一册是语文、政治，一册是历史、地理。这书首印75万册，反响很好。第二年修订后，新华书店征订200万册，我们自己又加印了120万册，加起来有三百多万册，很快也发完了。这两本书给出版社初期的发展打下了很好的基础。

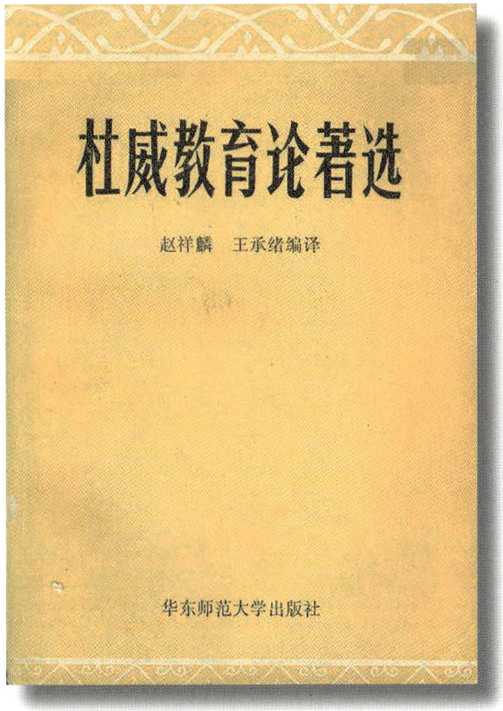

《杜威教育论著选》

《大学语文》是我们出版社的看家书，久印不衰，现在还继续在用。当时，我们从报纸上看到南京大学校长匡亚明提倡大学应设大学语文课，我们就和匡教授联系，由我校中文系徐中玉先生联合北京大学、北京师范大学、山东大学、南京大学等高校共同编写了《大学语文》。定价九毛五分，第一次就印了20万册，后来要的人很多，就一直加印、修订再版。据统计，现在的总印数已逾3000万册，做到地域和高校类型全覆盖，在高校教育史上，开创了教材编写和出版的一个奇迹。

我们还出版了一些自学考试教材。除了施亚西先生编写的《写作教程》《写作艺术实例》《文学写作教程》之外，还有社里编辑自己编的《千家诗评注》等。这些书，每本书印量都在一二十万册。

当时，我们考虑到不能光有经济效益，也要有社会效益，便组织中文系的施蛰存教授编了32开《词学》杂志，一年出两期。这本杂志在学术界影响很大，一直到现在还在出版。

另外，我们还出了《中国近代学制史料》，学术价值很高，获得国家教育委员会优秀教材一等奖。学校知名教授的著作也逐渐都出版了，有《中国高等教育参考资料》《胡适哲学思想资料选》《中国经济地理》《世界人口地理》等。

同期影响比较大的书，还有1983年出版的《英语听力入门》，学生用书4册，教师用书4册，共8册。定价才四毛五分钱，由编辑李景鸿组织我校外语系张民伦教授等编著。因为该书被列为9月份开学就要用的秋季教材，所以7月底交稿，8月份必须出来，时间非常紧。还有个困难，那时候稿子都是手写的，经过三审以后，先送到出版科，再由出版科送到印刷厂排印。当时印刷设备还比较差，都是活字排版，要一个个排字；印刷厂排字错别字很多，每页有二十多个错别字，编辑改得很艰苦。所以全社上下都动员起来，全力以赴，终于一个月后首印14万册，并配上音带出版。该教材第一版用了17年，没有改，发行量有两千多万册，磁带1200万盒，这大概算是教材发行史上的奇迹了。

不同时期出版的《大学语文》

华东师范大学出版社出版的文理类教科书

## 自办发行　满足读者需求

当年出书，最少印2万册，为什么呢？刚刚改革开放，市场需求量很大。我们既利用学校的优势，也考虑到社会的需要。我们出书，正好是适应了时代要求。每天收到的来信，最多有四五百封，最少有五六十封，大多是来邮购的。我们发行科的韩兰珍负责拆信、回信，工作很忙，但她都是来信必复，满足读者要求，有时钱不够，她给垫上。有个湖南女青年，要买《高中文科复习资料》，书库里断货了，韩兰珍想办法到样书间要了一本给她寄去。后来，女青年考上北京师范大学，写信来感谢我们，感谢韩兰珍。想读者所想，急读者所急，尽量满足读者的需求，正是我们社为读者服务的指导思想。

我们书出得多了，其他高校和外省市的新华书店也来订购，一要就是几千册。但我们没有书库，就在学校给我们的平房周边的空地改建了简易房，用来放书。没有推车、铲车，卡车将书运来时，全社二十多个人便分成两队，每队十几个人，车上一个，书库一个，中间像“击鼓传花”一样传到书库去。两大车的书，搬一趟要一两个小时，动作虽然很简单，时间长了也很累。社里不分领导群众，老教授、年轻编辑等都一起做。那时除了工资，是没有奖金的，60年代大学生工资是48.50元，一年后转正为60元，近二十年都没有增加过。尽管如此，大家都有艰苦创业的精神。社里出了好书，大家也都很高兴，这正是凝聚力的体现。

在苏州东山举行全社大会（1992 年 8 月）

为将邮购的书送到邮局去，我们买了两部黄鱼车，社里的青年小朱，每天四五车地送到曹杨邮局办手续发运。邮局看到书越来越多，我们也越来越辛苦，就开车来社里装书运走，给予很大支持，我们就省力多了。但数量大的需要发到其他学校和全国各书店的书，还是得送到北郊火车站托运。这样一来，新华书店上海发行所找到我们，说我们违反了相关的发行规定，必须停止这项业务，把邮购信息转给他们。事实上，新华书店手续繁杂、流程很慢，没有我们速度快，所以经过交涉协调，凡是新华书店上海发行所征订的图书，在印好后由印厂先发给他们。

## 影响日增　实现首次腾飞

由于出的书比较好、比较多，我们社受到教育部的重视。教育部高教司司长季晓风经常来讨论出版方针，指示出书要有学校特色，要为教学科研服务。因为出版的教材在全国有很大的影响，1983 年教育部把华东师范大学出版社与中国人民大学出版社、武汉大学出版社作为全国三大文科教材出版中心，另外还把我们出版社列为古籍教育排版中心，并批了一笔经费。我们用这笔经费先后盖了古籍排版中心楼和现在的出版楼。

20 世纪 80 年代，新成立的大学出版社都到我们这儿来学习，如南京大学出版社成立后，社长时惠荣来我们社，我们便根据经验，讲了出版社编印发流程和一些经验教训，哪些应该做，哪些不应该做。

1984 年 8 月，学校决定调整出版社领导班子，任命副校长郭豫适兼任出版社社长，万中一任常务副社长（后为社长）兼常务副总编辑（后为总编辑），王世云为党总支书记（后兼副社长），陈贻恩为副社长，曹伯言为副总编辑。因印刷厂划归出版社，厂长糜有成被任命为副社长。新一届领导班子很快制定了发展规划、基建项目，以及“百人编制，日出一书”的目标。由于我们出版社恢复得较早，又取得一定成绩，后来成立的上海大学出版社协会、华东地区出版社协会，大都到我们这里开会，加之万中一把出版社的工作又向前推进一步，就被推举为全国大学

郭豫适

万中一

华东师范大学出版社智慧楼内景

出版社协会副会长、华东地区大学出版协会会长。糜有成专门负责基建工作，他很能干，与校基建处一起，于 1986 年、1988 年先后建成了五层的古籍排版中心（现为开放学院）和六层的出版楼（现叫智慧楼）。在我们出版社的历史上，这段时间就被称为“第一次腾飞”。

## 热爱出版　全力以赴工作

从我个人来讲，搞出版，做编辑，必须要热爱这一行，全身心投入进去。我读书比较晚，因为家里比较穷，1949 年前只读了两年书就不读了。十二三岁时，我被父母送到地主家里去做小长工。想读书，我就找些书自学。1949 年后，家里分了土地，也分了头牛，我爸爸就叫我去上学，那时我已经 14 岁，直接上了小学五年级。考上初中，又保送高中。高考时我想考北京大学图书馆系，但是家里经济困难，还是决定上师范，因为师范学校不要学费。1959 年，24 岁的我考上了华东师范大学政治教育系，后来改为五年学制，我 29 岁大学毕业。学校让我留校到数学系做辅导员和学生党支部书记，仅过了一年，“文化大革命”来了。1974年，我被调到大学学报编辑部。因为自己一直想搞文字工作，在编辑部的几年里，我认真做编辑工作。“文革”结束后，我被调到校长办公室，后又到了华师大出版社，一方面是工作的需要，另一方面也符合自己的兴趣和志愿。所以，一到出版社，我就全力以赴地去干，行政、编辑、出版、党建，我都做过。后来又兼任副社长。

我编辑的第一本书是《古代基督教史》。作者徐怀启是我的老师，教外国哲学史和逻辑学。他会六七种外语，拉丁文、希腊文都懂，教哲学史不需备课，在香烟盒的背面写个提纲，就能讲一堂课。大家都非常喜欢听他讲课。虽然是基督徒，但他主要是研究学问的。当时我拿到的徐老师书稿，是竖写繁体字，不分段，没标点符号。为了能够准确地整理好这本书，我买了《宗教词典》，向图书馆借了和基督教方面相关的书，进行查阅对照。我通读书稿后，根据大纲和内容，对每章分节分段，加标点，每节又加了小标题。在阅读中，我发现《宗教词典》中有个外国人名的错误，就给上海辞书出版社写了信，后来辞书社还给我回了信，说谢谢我，并表示再版时更正。

经过几个月的编辑工作，《古代基督教史》一书终于出版，第一次印了5000册，很快售完，又重印了5000册。该书被评为华东地区大学出版社首届优秀图书二等奖。2015年，该书被另一家出版社拿去作为丛书重印。同年7月，我在华师大哲学系纪念徐怀启110周年诞辰学术研讨会上做了发言。

此外，我先后担任责任编辑和审读的书稿有四十多种，主要有《郑观应传》《瞿秋白哲学思想评析》《冯契辩证逻辑思想研究》《逻辑学引论》《儒家思想的现代价值评估》《现代金融市场概论》《马克思主义基本原理》等，还参加了师专教材、“思想教育丛书”、“可爱的家乡丛书”等选题的策划和编辑工作。

（本文作者为华东师范大学出版社原副社长）

**编者按：**他是卓有成就的编辑出版家，曾担任《苏南农村青年报》总编辑、《新少年报》编辑主任。1953年底进少年儿童出版社，历任编辑室主任、副总编辑。1977年任上海科学技术出版社社长、总编辑、党组书记。1983年任上海市出版局局长。他是“科普编创学科带头人”，主持编辑出版《十万个为什么》《新十万个为什么》等多种影响深远的科普类书籍。他还是爱国统一战线事业的辛勤开拓者。在上海市文史研究馆担任馆长期间，创办《上海文史》杂志，主持创办全国文史馆系统内第一本由中央文史馆与地方文史馆共同主办的刊物——《世纪》杂志，以亲见、亲闻、亲历的“三亲”标准和存史资政的鲜明特色，广受好评。同时还在中央文史研究馆领导支持下，动员全国各省市文史研究馆参加，编辑出版了一套“新编文史笔记”丛书。今年5月5日是王国忠同志逝世10周年的纪念日，我们约请了王楚光、俞子林、傅春然、高孝湛、洪祖年、沈飞德诸位先生撰文，从不同的视角记述王国忠对新闻出版所做的独特贡献，以志缅怀，并飨广大读者。

追忆王国忠

# 良知益友王国忠

王楚光

上海市文史研究馆的老馆长王国忠同志离开我们已有十个春秋，往事如潮，涌上心头，引起我的追思与怀念。

20世纪90年代初期，我到中央文史研究馆担任常务副馆长，得知全国各省、市、自治区有32个文史馆，无论从纵向还是从横向来看，上海馆都处于举足轻重的地位。从中华民族延绵不断的五千年历史来看，远古看安阳，上古看西安，中古看开封，近古看北京，而近现代史则要

晚年王国忠

看上海，尽管它并不是都城。全国各馆（包括中央馆）的馆员人数平均在30人左右，唯有上海馆的馆员人数竟达300人之众，是各馆人数的十倍之上。何以如此？据传还有一段佳话。当时上海的主事者也是参照各馆的人数规模，以30人的方案上报陈毅市长，陈市长才大气豪，认为偌大一个上海，人才济济，区区三十，难以囊括。他老人家大笔一挥，在30后面加了一个零，变成了300，从此至今，一直保持这个规模，成了全国首屈一指的庞大而精博的文史大馆。

文史馆都是由同级政府领导，中央馆与地方馆不是领导与被领导的关系，历来并无多少交往。改革开放以后，中央文史研究馆为了活跃馆务，扩大社会影响，才逐渐加强与各地方馆的联系，共同举办了一些活动。因此，我一到职，即关注与各地文史馆的关系，尤其是全国最大最有实力的上海馆，以期建立良好的工作联系。

事有机会，人有机缘。我到职不久，上海文史馆的馆长王国忠同志因公出差，路过北京，下榻平安里的一个部队招待所。获此信息，我即驱车前往，登门造访。王国忠同志年岁比我长，资历比我深，学识比我高，我是抱着一种谦逊的姿态去会见这位老同志的。寒暄之后，闲聊起彼此的经历，方知国忠同志参加过第一次全国青年大会，乃中央团校第一期的学员，是位资深的老“团干”。而中华人民共和国成立初期，我在共青团武汉市委从事青年工作也有十余年的时间，说起来我们还是老同行。这一下就拉近了彼此之间的距离，有了不少共同语言。初次见面，国忠同志给我留下严谨、真诚、颇有修养、平易近人的印象，深刻而美好，这为我们的合作创造了一个良好的开端。

## 科普编创学科带头人

20世纪60年代初期，有一套风行全国的科普读物为广大青少年喜爱，那就是少年儿童出版社发行的《十万个为什么》。当时，我身为青年工作者，也是这套系列的忠实读者。该系列长达600万字，分50卷陆续出版面市。每当新书发行，我都是最先的抢购者，佳作到手，先睹为快，从中获取知识，认知世界，开阔视野，受益匪浅。然而当时我只注意学习阅读，对此书出自哪位大家之手，似乎从未关注，到文史馆工作之后，才有所耳闻，原来国忠同志是这套书最早的策划者、设计者、主编者，由此方知他还是一位资深的、颇有成就的编辑出版家，这让我对国忠同志产生由衷的敬佩之情。

## “新编文史笔记”的操盘手

我到文史馆工作时，时任馆长是著名的当代记者、翻译家、文学家萧乾先生。这位年届耄耋的老者，宝刀不老，志向高远，大有借文史馆这个文耆云集的阵地干一番事业的开拓精神。他的名言是：不要把文史馆办成养老院，要像脚踏车一样，不断向前蹬！“新编文史笔记”丛书是他接受国忠同志的建议干一番事业的举措之一。他倡导以宋代宋祁所首创的笔记文体，发挥全国32家文史馆资深馆员深谙世情、熟悉史故的优势，动员大家不拘体例，随笔录下亲闻、亲历、亲见之地域沿革、民俗风情、名人轶事、历史掌故，汇集成册，流传于世。此议一出，立即得到全国各文史馆同仁的热烈响应，纷纷挥毫运笔，进行创作，经过一段时日，竟征集到六千余篇笔记文稿。面对如此浩瀚的稿源，要审阅修订，编辑成册，工作量很重，而当时中央馆人手有限，难当此任。为此，萧乾先生想到了实力雄厚的上海文史馆，商请国忠同志，拟将丛书的编辑部设在上海。国忠同志顾及全局，毫不推辞，接下任务，挑选精兵强将，组成编辑班子，历经五个寒暑的悉心耕耘，终于编辑出约 500 万字的 50 册“新编文史笔记”丛书，由上海书店（现上海书店出版社）于 1992—1994 年陆续出版，得到广大读者的普遍好评，认为这是一部难得的反映全国各地趣闻野史的文史丛书，短小精悍、生动活泼，可读性很强。我的湖北老乡艾知生，历任清华大学副校长、广播电影电视部部长，在一次活动中碰到我，他饶有兴趣地对我说：“老王！你们文史馆搞的那套文史笔记丛书真不错，我到各地出差，都要选上有关的分册带在身上，详为阅读，以此了解当地风土人情、历史掌故，这对到地方开展工作很有帮助，你们真是办了一件好事！”

1995 年 4 月 6 日在上海召开的“新编文史笔记”丛书编辑工作总结会（左起：上海市政府副秘书长周慕尧，市委统战部部长王生洪，中央文史馆馆长萧乾、副馆长王楚光、原副馆长吴空，上海文史馆馆长王国忠）

萧乾馆长倡导编纂“新编文史笔记”丛书时，我尚未到文史馆工作，故未参与此事，不过，赶了一个尾声。1995 年我受萧馆长之托，到上海主持召开“新编文史笔记”丛书总结工作座谈会。全国各馆都派代表参加，我在会上做了总结发言，充分肯定丛书的面世，赞其是自文史馆建馆以来，全国同仁共同创造的第一个文化系统工程，必将影响未来。同时，对上海馆及国忠同志编纂此丛书所做的奉献表示由衷的敬意。事实证明，这套文史丛书确有其生命力，初版面世不久，即售尽告罄，后由中华书局再版发行一直流传至今，而且还荣获中国图书评论学会授予的中国图书奖。

## 《世纪》杂志的创办者

在改革开放大潮的推动下，各地文史馆纷纷创办刊物，拓展文史业务，其中上海馆创办的《上海文史》尤为出色。然而，作为中央文史研究馆，却没有一本自己的刊物，使萧乾馆长感到十分焦虑和不安。我到任不久，他即将此任务交代予我，要我想方设法，尽快筹办一本属于中央馆的公开发行刊物。可是，当时正值报纸杂志泛滥，国家新闻出版署痛下决心，严加控制，不批准任何新的公开发行刊物的刊号，虽经我不断活动，努力争取，还是无果而终。这时萧乾馆长想起了上海文史馆，亲自出面与国忠同志商量，建议停办《上海文史》，借用它的刊号，中央馆和上海馆共同新办一本全国性的文史刊物。如此“割肉”，国忠同志仍以全局为重，毫不犹豫地接受了萧乾馆长的建议，同意停办《上海文史》，另起炉灶，共同创办新刊物。

《世纪》杂志创刊号

两家共办刊物，如何命名，是碰到的第一个难题。最后还是国忠同志想得周全，他建议用“世纪”二字命名。世纪二字，既有厚重的历史感，也有鲜明的时代感，用作全国性的文史刊物的刊名较为妥帖。萧乾馆长欣然接受了这个建议，两馆共同创办的这份文史杂志就以“世纪”之名横空出世，沿用至今。

为了办好《世纪》杂志，两馆精选出馆员中顶尖的文史专家，组成刊物的编委会。萧乾馆长还邀请著名的文学家冰心先生出山，与他联袂出任编委会主任，请我担任编委会的副主任，国忠同志则担任刊物的社长兼主编，全面承担刊物的编辑出版和经营工作。《世纪》杂志创刊号面世之日，在北京建国饭店举行了新闻发布会，邀请全国各大媒体记者出席，由国忠同志介绍创办此刊的背景与宗旨，通过宣传扩大社会影响。

国忠同志不负萧乾先生之重托，倾其全力，在上海寻觅房屋、筹措经费、精选人员，组建起精干的《世纪》杂志编辑部，挂牌运营。他慧眼识珠，知人善任，挑选了两位青年才俊分别担任杂志的常务副主编和副主编：一位是多才多艺，擅长新闻摄影的谢震林；另一位就是从复旦大学历史系毕业的沈飞德，由其承办杂志的编务工作。沈飞德既有深厚的文史功底，又有开拓进取之精神，从杂志创刊之日起，不弃不舍，辛勤耕耘27个寒暑，从副主编干到主编，团结编辑部的全体同仁，把杂志办得越来越有特色，在“强手如林”的文史刊物阵地中，争得一席之地，成了一本在全国颇具影响力的纪实性文史杂志。它所刊载的文章，经常被《作家文摘》转载，深受读者的欢迎。2016年又在网上建立了微信公众号，有的文章点击数可达百万之上。

文史刊物，此起彼伏，难以持久，乃为常态，《世纪》杂志能坚守近三十载，实属难得。抚今追昔，不由想起它的奠基人国忠同志，敬佩之情油然而生。

## 合作精诚 友谊长在

我在文史馆工作十个年头，与国忠同志交往亦有十载之久，深知斯人是位严谨、诚信、忠厚、敬业、坦荡、可敬可交、具有君子风范的长者。想当年，我在职时，几乎每年都要到沪上行走盘桓数日，均得到国忠同志的热情款待。他我之间，除了切磋馆务、商讨合作事宜之外，

1996年9月20日，中央文史馆在北京举办“全国文史研究成果展”，作者主持开幕式，后排右二为王国忠

还经常结伴出游，访周庄、观同里、游乌镇、览朱家角，并到吴江黎里古镇瞻仰中央馆老馆长柳亚子先生的故居，既增进友谊，又陶冶心灵，令人难以忘怀。

我与国忠同志的合作，一直延续到20世纪末。1997年初，我们邀请江西文史馆副馆长王贤才到沪，共同策划了一个把传统文化与红色革命结合起来的书画创作活动，组织三家文史馆的100多位擅长书画创作的馆员，分期分批到井冈山采风写生，以绘画与书法手法创作出150余幅反映当年创建井冈山革命根据地的优秀作品。三家文史馆共同举办“纪念井冈山革命根据地创建七十周年书画展”，先后在井冈山、南昌、上海、北京等四地巡回展出，受到观众的欢迎与好评。在北京展出时，更是盛况空前，党和国家领导人吴学谦、彭珮云、迟浩田、王光英及不少驻京外国使节均到会参观，中共中央书记处书记、中央宣传部部长丁关根看了展览后高兴地说：“这个展览办得很好，把传统文化形式和革命题材结合起来，是个好办法。”对展览给予了充分的肯定与赞扬。

挚友已去，德行尚存，敬佩不已，思念长青。

（本文作者为中央文史研究馆原常务副馆长，现为《世纪》杂志顾问）

# 他们倡导的事业永在

俞子林

王国忠馆长离世已整十年了。他是一位作风严谨、办事能力强的领导干部，至今我仍很怀念他。

他初在少年儿童出版社工作，负责领导一个编辑室。“少儿”版通俗科普读物《十万个为什么》，他是策划者之一。这套书开创了大科学家写通俗读物的先例，为培养未来科技人才起了打基础的作用。

他后来被任命为上海市出版局局长，我和他接触不多。倒是后来他担任上海市文史馆馆长期间，我和他的联系逐渐多了起来，那是为了文史馆要出版一套文史笔记丛书。

1990 年初，王馆长约见我。他说中央文史馆萧乾馆长提议动员全国文史馆馆员都来写文史笔记，恢复一种文学传统，借此收集一批文史资料。他问我上海书店新成立了出版社，是否愿意合作，承担这一出版任务，并说萧乾馆长将到上海开动员会，邀我参加。我想，萧乾是闻名国内外的大作家，他有一本《人生采访》已由我社编入影印发行的“民国丛书”中。出版“新编文史笔记”丛书，正好与我社被批准的出版方向相符，就作了肯定的回答。

6 月，中央文史馆和 16 省市文史馆在上海开会，我第一次见到了萧老。萧老为人谦和，说话风趣。他在会上动员说，我们编这一套文史笔记，要在小题目下做大文章，不是在大题目下做小文章，就是说要通

萧乾（中）与上海书店出版社编辑刘华庭（左）、丛书特约编审刘北汜在桂林漓江合影（1991 年 6 月）

过一件件小事情，反映大事件，和历史大事挂钩；又说小文章好比上海城隍庙的小笼包子，皮薄、馅多、油水足。他的意思是说写作的文章应少说空话、套话，多说真话、实话，内容生动，提倡“三亲”，即亲历、亲见、亲闻。他是文学大家，说话幽默，比喻确切。

会议决定，这套文史笔记丛书，由中央文史馆组织编辑，编辑部就设在上海文史馆。丛书主编萧乾，副主编启功、吴空、王国忠。上海书店出版社派资深编辑刘华庭为责任编辑。

然后，编辑部编了一本试编本，名为《掌故今话》，长 32 开袖珍本，收文 128 篇，11 万字，1991 年 2 月出版，作为示范和参考。

1992 年 6 月出版第一辑 12 本，定丛书名为“新编文史笔记”，由各省市文史馆分别编辑并题写书名。各本设主编一至三人，由各馆自定。每册前都有与本册内容相合的史料照片插图。第一辑出版发行后，获得各界好评，京沪两地报纸都作了报道和评论，有的还编发了丛书中的部分文章。

丛书还受到时任中共中央总书记、国家主席江泽民的关注。江主席把其中写到金庸（即查良镛，时任香港基本法起草委员会委员）往事的一册《两浙轶事》送给他，查先生后来在《明报月刊》撰文满怀深情地谈到这件事。

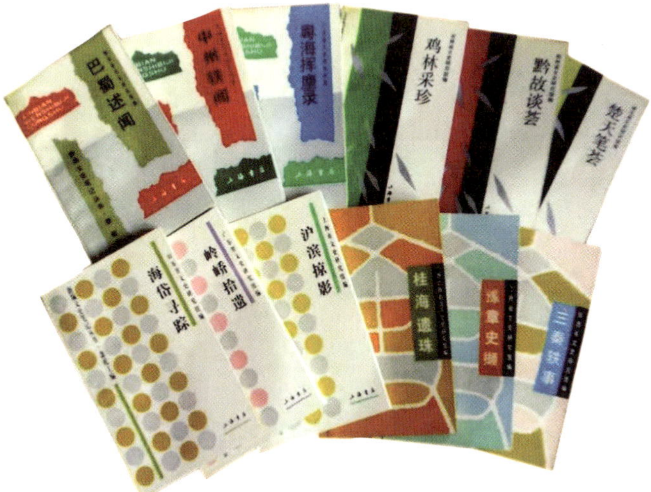


“新编文史笔记”丛书（部分）

中央文史馆后来又在河北北戴河和广西桂林分别开了两次研讨会，继续征集稿件。最后于1994年11月出齐全套“新编文史笔记”丛书，共四辑50册。辑入文章6177篇，约600万字。大部分为馆员新作，少量为已故馆员遗著及馆外人士来稿。前后四年各馆征集稿件近两万篇，经各馆遴选及编辑部审定，最终编入约占来稿的三分之一，可见把关是严格的。丛书被中国图书评论学会评为第七届中国图书奖。丛书出版，中央文史馆在上

“新编文史笔记”丛书出版座谈会，左起：谢丽娟、王国忠、俞子林（1995年6月）

海开会做了工作总结。专家学者们认为丛书在发掘和保存史料、倡导和恢复笔记文学传统方面，做出了贡献，也提出了一些意见和建议，如有人提出笔记文学不妨写些小人物，小人物在历史上也是起过作用的；有人说现在我们的思维方式往往是要么好人、要么坏人，其实圣人也有瑕疵。大家认为文史笔记应该继续写下去。

为了使丛书更广泛传播，香港、台湾商务印书馆选编出版了繁体字版“近现代新笔记”丛书，两辑共16册。上海书店也出版了精选本《新笔记大观》，大32开精装一册，收笔记800余篇，85万字。

王国忠馆长在编辑文史笔记之余，也关心着我们上海书店的出版工作，曾介绍一些书稿给我。其中有一本是上海文史馆馆员沈立行先生写的《上海特工战》，这是专写汪伪76号特工部的，展现了抗战时期

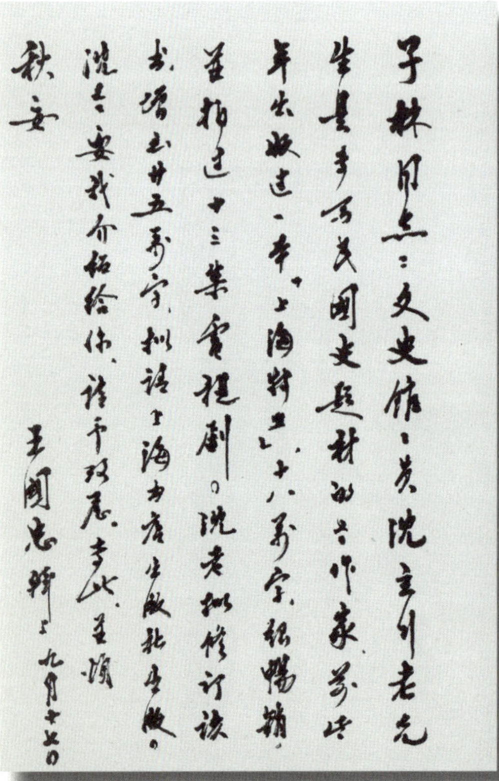

子林同志：文史馆馆员沈立行老先生是专写民国史题材的老作家，前些年出版过一本《上海特工》，十六万字，很畅销，并拍过十三集电视剧。沈老拟修订该书，增至廿五万字，拟请上海书店出版社出版。沈老要我介绍给你，请予考虑。专此，并颂

秋安

王国忠 拜上 九月十七日

王国忠致俞子林函（1999年9月17日）

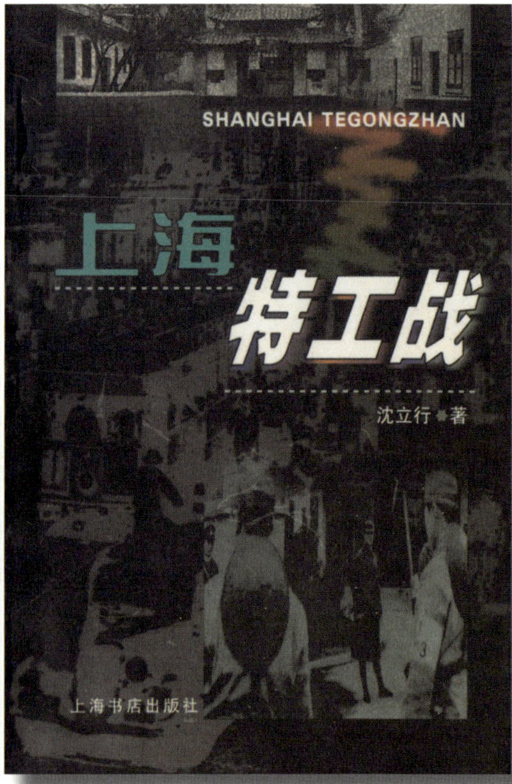



沈立行著《上海特工战》书影

汪伪、重庆国民党与中共三个方面错综复杂的斗争。另有一本是讲述国民党军队为抗日远征缅甸的。我在这本书扉页上记有一段话：

> 1995年8月22日，文史馆开座谈会。听当事人介绍，缅甸之战（是在香港沦陷、东南沿海全部被封的情况下，为了打开一条国际援助通道）十分惨烈，去十万人，回来时只三四万，大多在行军途中饿死、累死。日军在缅甸各处埋伏情报人员，庙中小和尚多密探。一次失败的战争，但打了一个小胜仗，就是仁安羌大捷。以少胜多，以弱胜强，值得宣扬。

这本书就是《刘放吾将军与缅甸仁安羌大捷》。当时美国方面是史迪威将军，中国是孙立人将军。据说孙立人后来去了台湾即因派系斗争被蒋介石软禁。刘放吾将军英勇抗敌真相终被揭开，大量史实得到澄清，他本人得到了英国首相撒切尔夫人的接见和美国总统布什的亲笔签名感谢信，感谢他50年前解救被围英军和美国人员。

因历史原因，1949年后对国民党战场很少谈及。对出版此书我原是有顾虑的。在王国忠馆长的支持和鼓励下，此书出版了，这对恢复历史真相和抗战研究是有益的。此书作者即刘放吾将军之子刘伟民，彼时他为美国企业家，正投资上海，也是一段因缘。

除上述两书外，王馆长还亲自编了一本上海文史馆书法作品集，书名《现代海上名家翰墨集》，交上海书店出版。

就在“新编文史笔记”即将全部出版之际，中央文史馆和上海文史馆于1993年联合主办创刊了《世纪》杂志双月刊，在上海出版，由王国忠馆长任首任主编。至今已27年，发表了很多重要史事史料和史评文章，其中很多文章由各地报刊转载，扩大了影响。我个人也由于爱好，对有些文章印象深刻，受教育尤深。例如近年来发表的陈修良回忆文章，这位大革命时期入党、曾任地下党南京市委书记的老党员因1957年的遭遇，以致后来长期默默无闻。1998年10月，陈修良病重期间，时任中共中央总书记、国家主席江泽民曾亲往医院探望。在问及有何建言时，陈修良表示希望中央坚持反腐倡廉和正确评价地下党的工作。我认为这些文章的发表，说明历任主编和编辑者的眼力和胆识是令人敬佩的。

另外，该刊也继承了写笔记掌故的传统，各期均辟有专栏。我也曾根据自己所知，写了一些短文供发表，计有《巴金的一则题词》《诗人徐志摩之墓今昔》《七君子狱中挥毫》等二十多篇。文史馆也曾将发表的笔记掌故出版了两册汇编本《政海拾零》和《文苑剪影》。

《世纪》刊行同时，王馆长还将一批《世纪》老作者的著作介绍给上海书店出版社，出版一套“历史现场”书系。其中有王正元的《监听专员见闻录》、樊崧甫的《“龙头将军”沉浮录》、姜豪的《“和谈密使”回想录》、张令澳的《侍从室回梦录》、王舜祁的《蒋氏故里述闻》等。他们大都是历史亲历者，如王正元1937年至1949年任国民政

王国忠主编“历史现场”书系之张令澳《侍从室回梦录》书影

府总统府电话监察员，获知大量高层机密；樊崧甫在西安事变时任陕西省潼关主帅，这是他生前写下的亲历记录；姜豪则是抗战时期日本诱蒋媾和在香港一隅的悄然运作者，这是他坦白无讳的亲历回顾。可以说这是一套真正亲历的现场实录书系，填补了历史空白。

《世纪》杂志近年来又倡导用口述历史形式出版了许多名家回忆录，现已出版的19种，其中有京剧名家、名画家、学术名人、历史名人、名作家、名人后代等，如童祥苓、邓伟志、阮仪三、杨小佛、沈寂、姜义华、刘耋龄、杜维善、丰一吟、陈绛等。我也有幸拜读了其中几种。该丛书由上海书店出版社出版。这是一个创举，值得好好总结。另外《世纪》杂志每期还邀请名人发表综论大事式的刊头语，也由上海书店出版了一本《世纪遐想》。

我认为这些都是很有意义的发展和变化，是对文化事业的创新和重要贡献。《世纪》杂志由此被评为华东地区优秀期刊。

萧乾先生、王国忠馆长他们倡导的事业永在。我永远感谢他们。

（本文作者为上海书店出版社原总编辑）

# 王国忠与“新编文史笔记”丛书

傅春然

1995年4月，在上海召开的全国文史研究馆“新编文史笔记”丛书总结会上，萧乾馆长说：“经过全国文史研究馆同志们五年的共同努力，以及上海书店和香港、台湾商务印书馆的大力支持，全国文史研究馆近年来合作规模最大、范围最广、参加人数最多的系统工程——‘新编文史笔记’丛书四辑50册的编辑出版工作圆满结束。丛书收集史料6000篇，500万字，参加作者4000人，为抢救史料工作做出了积极贡献。”丛书出版发行受到社会各界广泛关注和赞誉，1993年10月，在中国图书评论学会主办的第七届图书评奖活动中，丛书荣获“中国图书奖”。这是文史研究馆成立以来的创举，是发挥馆员专长的有益尝试。在成功的背后，我们不能忘记上海文史研究馆馆长王国忠同志。王国忠馆长给我的总体印象可概括为六个字：睿智、精明、儒雅。他虽然只是一个丛书副主编，在我这个时任业务处长、丛书办公室副主任、共事近三年的普通工作者眼里，他在萧乾主编、启功副主编的领导下，密切配合吴空副主编，是一个集谋划者、决策者、组织者、落实者于一身的实干角色。

## 提出编写文史笔记丛书第一人

1989 年初，萧乾继任中央文史研究馆馆长之后，多次表示要改变文史研究馆“以养为主”的形象，充分发挥老年知识分子的余热。这年

10月正好在京举办全国文史研究馆书画联展，其间中央馆分别召开各馆来京馆长座谈会，就如何发挥馆员作用进行探讨。上海馆馆长王国忠根据自己的文史专长和曾任上海市出版局局长多年的经验，结合本馆实际，提出联合全国文史研究馆力量，编辑出版文史笔记的设想。后与中央馆副馆长吴空多次沟通，并请示萧乾馆长，这个想法正好符合萧馆长的心意，一拍即合。经过酝酿决定先召开京、津、沪三个文史馆领导人座谈会，听听意见。

1989年12月9日，以中央文史研究馆名义邀请上海馆馆长王国忠、北京文史馆副馆长宁玉环、天津文史馆副馆长孙竞宇和副秘书长王大川等来京开会。萧乾、启功、吴空出席，我做记录。会上，王国忠就编写文史笔记丛书的设想作了详细说明，大家进行认真讨论，认为这是一件有意义的事情，一致同意并补充一些细则。会上，拟定成立编辑办公室，设在中央文史馆，编辑部设在上海文史研究馆。会后，由中央文史馆向全国32个文史研究馆发出倡议。

## 缜密谋划编辑细则

1990年1月，作者陪同吴空（右二）、王国忠（左一）看望百岁文史馆馆员苏局仙（左二）

倡议发出后得到全国各馆一致赞同，编辑计划提上日程。1990年1月，我陪同吴空前往上海就丛书编写的有关原则、方针、办法与王国忠进行沟通。王馆长出思路，请上海古籍编辑专家赵而昌馆员起草编辑计划，在王馆长办公室进行讨论。首先由赵而昌馆员宣读丛书编辑计划并作说明，进而对细节进行切磋。王馆长还对如何动员全国各馆组织编写、分期分批进行和出版发行提出设想。其间，王国忠馆长陪同吴空专程前往南汇（现并入浦东新区）拜访前清秀才、百岁馆员苏局仙先生，了解史料，探索文史笔记取材内容。苏老八旬儿子简要介绍老人经历、书法创作及起居活动情况，告别时在庭院合影留念。

1990年2月21日，在中央文史馆馆长办公会上，大家对丛书编辑原则、收录内容、形式、规格、版本大小、编辑设立进行认真研究，原则同意上海文史馆王国忠馆长提出的文稿，经过修改补充以中央文史馆的名义发全国各地文史研究馆。

## 深入调研 摸底试编

这么大的系统工程能否落实刚开始并没有底，王国忠、吴空两位副主编电话沟通，根据了解到的初步情况，得知河南文史研究馆于中华人民共和国成立初期在开封市办公，“文革”中未被冲击，史料档案保存完好，于是提出到河南调研。这个提议得到萧乾、启功正副馆长的首肯。

1990年3月19日至24日，由吴空、王国忠两位副主编主持，河南文史馆副馆长魏玉林协助，抽选上海馆赵而昌，河南馆王华农、王质彬，上海书店刘华庭，还有上海馆沈飞德等到开封实地调研。大家阅读了全部档案资料，并着手编写，改写了24篇稿件，共一万多字，平均每篇500字左右。还召开了两次研讨会，大家就这套丛书编写的指导思想、收集内容、分类方法、丛书名称及编辑职能等展开深入讨论。会上明确了：笔记应提倡写短文、千字文；写“三亲史”，即亲历、亲见、亲闻；内容要广而杂；材料要真、信、实；行文要雅；时间上限推到晚清甚至更早。与会人员一致同意刘华庭提出的书名加“新编”二字。大家通过这次实

“新编文史笔记”丛书试编本《新编全国文史笔记·掌故今话》书影

地调研，摸清了底子，走出一条路子，为整套丛书编写奠定了基础。

此后的一年里，各馆撰写编辑工作逐步展开，编辑办向全国发出通知，提供样稿，编辑部在王国忠领导下加班加点，从本馆及其他馆选择有代表性的稿件编成试编本。1990 年 12 月，我陪副主编吴空、编审刘北汜专程到上海与王馆长共同审定。其间，还约时任山东文史馆馆长李昌骏来沪，了解该省馆文史笔记进度，商谈第二次全国文史笔记丛书编辑会议在济南召开事宜。王馆长还陪同吴空等人专程到江南造船厂参观调研，了解该厂历史变迁。

1991 年 2 月 5 日，试编本《新编全国文史笔记·掌故今话》由上海书店出版。这本样板书从内容到编排、印刷、装帧均得到各馆好评和认可。

## 精心组织 指导落实

为推进“新编文史笔记”丛书编写顺利开展，1990 年至 1992 年中央文史研究馆馆长办公会多次研究，针对不同阶段的工作重点，了解情况进行分类指导。丛书主编、副主编及编辑办、编辑部确定后，选聘社会贤达和有编辑专长的人士为特约编审。之后，全国各地文史馆相继确定本省市馆的主编、副主编和编委，动员全国一千多名馆员和社会各界人士广泛参与撰稿，很快形成了一个庞大的撰写“三亲”史的队伍。

王国忠馆长配合吴空副馆长出点子、想办法、抓落实。王馆长主动提出承办第一次全国文史馆“新编文史笔记”丛书编辑工作座谈会，经过精心筹备，于1990年6月22日至26日在上海市政协召开。主编萧乾、副主编启功、吴空、王国忠及参加第一辑12本编选的16个文史馆馆长和五十多位工作人员出席。萧乾在会上讲演，提倡写短文，并形象地比作上海小笼包“皮薄馅大”。吴空、王国忠分别就这套丛书的进展情况、存在问题以及怎么写好编好这一套丛书作了分析和说明。这次会开得很成功，对推动丛书的编写起了重要作用。

1991年3月11日至15日，第二次全国“新编文史笔记”丛书编辑工作会议在山东济南南郊宾馆召开。参会的有东北、华北、西南、西

王国忠（左一）在“新编文史笔记”丛书桂林工作座谈会上发言

北的18个文史研究馆，共55人。启功、吴空、王国忠分别主持大会并讲话。启功号召全国32个文史馆密切合作，抢救明清以来的史料，为编辑一套有中华民族特色，内容丰富，文笔精炼，高质量、高水平的丛书奋斗。王国忠在会上就编辑工作中的具体问题及要求详细说明，强调扩大稿源，提高丛书的质量。

1991年6月13日至17日，“新编文史笔记”丛书第一辑定稿会在广西南宁召开。出席会议的有18个文史馆，共六十余人。会前，我陪同萧乾、吴空以及特约编审到桂林，约王国忠及编辑部的同志研究定稿会安排。6月7日在住地，王国忠详细通报了第一辑编辑定稿情况以及需要加强的工作。针对一些馆编辑力量薄弱的问题，确定特约编审，分类指导。6月10日在甲山饭店召开编辑工作会议，吴空主持，王国忠就第一辑的编辑情况讲述了15个问题，分析得清楚、透彻、具体。6月11日移师南宁西园饭店，举办了开幕式，分片分馆审定稿，参加西南片文史馆书画展及定稿会总结。萧乾、吴空、王国忠分别讲话。经过充分讨论，确定了第一辑12本的内容，由编辑部核准交上海书店

中央文史馆领导在北京接见参加“新编文史笔记”丛书工作会议的上海文史馆馆员（左起：中央馆萧乾馆长，上海馆王国忠馆长、钱君匋，中央馆王楚光副馆长）（1992年6月22日）

出版。

1992 年 6 月 14 日至 19 日，“新编文史笔记”丛书编辑工作座谈会在北戴河举行，吴空、王国忠及特约编审蒋路、刘北汜、钱君匋等出席，就编辑工作的协调及指导各馆后几辑的编写进行具体研究，并责任到人、落实到馆。

经各馆共同努力，在王国忠领导的编辑部同志的辛勤工作下，第一辑正式出版，于 1992 年 6 月 29 日在北京人民大会堂河北厅举办了出版发行座谈会。有关党和国家领导人及相关人员出席，萧乾主编讲了话，丛书受到社会关注。

## 确定出版单位和港台版精选本

王国忠馆长从开始就对这套丛书的编辑、出版、发行深思熟虑。丛书由上海书店出版社出版的主意是他提出的。1990 年初，我陪同吴空副馆长、王国忠馆长前往上海书店，与负责人俞子林商谈出版事宜。王国忠介绍了丛书出版的设想，并就丛书出版的细节，如版本、大小、字体、开本作了详细说明。双方达成共识，上海书店还答应抽编辑参与试编工作。

萧乾、吴空、王国忠利用他们各自的关系，联系丛书港台版的出版事宜。1990 年 3 月 9 日，吴空副馆长在中央馆与香港商务印书馆有限公司董事、总经理陈万雄就“新编文史笔记”丛书在香港出版发行问题进行商谈。萧乾馆长与台湾商务印书馆总经理张连生就丛书在台湾出版发行进行了沟通。

1990 年 8 月 16 日，我陪同吴空到上海，与王国忠一起开车到杭州。吴空、王国忠两位丛书副主编和浙江文史研究馆副馆长杨炳，在西湖宾馆与香港商务印书馆总经理陈万雄、台湾商务印书馆总经理张连生就“新编文史笔记”丛书港台版的选编出版具体事宜进行商谈，一致同意按内容分类选编，用繁体字分别出版发行。1991 年 6 月，我受委托，在北京中央文史馆正式签订“新编文史笔记”丛书港台版出版合同。

此后的几年里，吴空、王国忠两位副主编分别于1992年9月和1993年10月到深圳、广州对港台版丛书进行审阅定稿。1992年9月“近现代新笔记”丛书第一辑《人物春秋》《货殖札记》《杏坛记闻》《社会百相》《艺林述旧》《文苑佳话》《八方风物》《民俗风情》八本由香港商务印书馆出版发行。1995年9月“近现代新笔记”丛书第二辑《晚清政闻》《辛亥革命》《历代史迹》《文教杂忆》《民国志余》《民初史事》《抗战嘉话》《抗战烽火》八本由台湾商务印书馆出版发行。两辑均由启功副主编题写书名。

在丛书近五年的编写过程中，王国忠馆长对整套丛书倾注了大量心血，从策划组织到每一项工作的落实都付出了精力，团结带领编辑部全体同志精心编写，不辞辛苦跑遍祖国各地，协助落实编辑计划，团结指导全国文史研究馆同仁，充分发挥广大馆员和老一辈知识分子的智慧，为打造出一套经得起历史考验的精品做出了贡献。我们为王国忠馆长点赞，我们永远忘不了他的功绩。

（本文作者为中央文史研究馆文史业务司原司长）

# 文史笔丛留辉煌
## ——怀念王国忠先生

沈飞德

### 从吴孟庆先生书撰的挽联谈起

王国忠先生是我的老领导，也是我走上编辑出版之路的引路人和导师。从第一次见面到他去世的二十几年里，我一直叫他王馆长。1986年7月，我大学毕业分配到上海市文史馆工作，两个月后，他从市出版局局长调任市文史馆馆长。他于1997年4月离休，前后担任馆长达十余年，是上海市文史馆历史上任期最长的一位馆长，也是“文革”结束、上海市文史馆恢复机构后的第一位馆长。更重要的他是承前启后、继往开来，为新时期上海市文史馆敬老崇文事业奠定基础并开创新局面的一位馆长。2010年5月5日，王国忠老馆长去世，时任馆长吴孟庆先生书撰挽联“开拓创新，书林科普建大业；尊贤敬老，文史笔丛留辉煌”，非常全面客观又形象准确地概括了他一生的两段人生经历和在两个领域的不凡业绩。其中下联蕴含的内容，诚如文史馆撰写的《王国忠同志生平》所述：“王国忠同志是爱国统一战线事业的辛勤开拓者。上海市文史研究馆是他一生工作的最后一个单位，他在担任馆长期间，坚持敬老崇文的办馆宗旨，坚决贯彻党的统战政策，为弘扬民族优秀传统文化、壮大和巩固爱国统一战线做了许多开创性工作。”

王馆长执掌上海文史馆期间，“许多开创性工作”涉及面广，对日后文史馆的发展影响是全面、深远的。其中在文史研究和编辑出版方面，我觉得最重要的有四项：一是协助中央文史馆编纂“新编文史笔记”丛书；二是创办《上海文史》，并联合中央文史馆创办《世纪》双月刊；三是组织编辑出版两本中国远征军史著作；四是主编《上海旧政权建置志》。而我有幸参与了他所领导的文史研究和编辑出版的各项工作。本文仅回忆他在文史编辑出版方面的几件事，并借用吴孟庆先生所撰挽联句作标题，以表达对我所敬重的老领导的深切怀念。

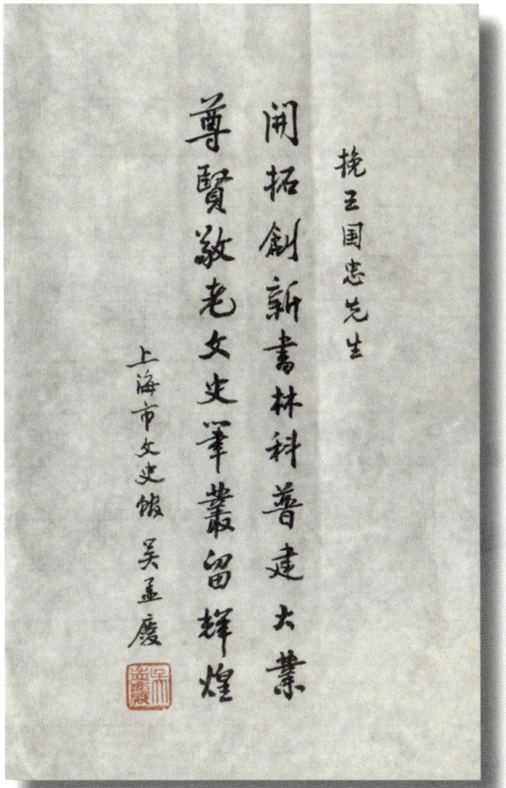

吴孟庆先生所撰挽联

## 助力《上海文史》创刊

王馆长甫到文史馆工作，特别重视文史馆与市政府参事室联合开展的文史资料征集、整理和编辑出版工作（其时两家单位在思南路41号一幢楼办公，组建有文史资料工作委员会），领导并继续推进《史料选编》（内刊）和《上海地方史资料》的编辑出版。《史料选编》在1981年出版了三辑后就停顿了，王馆长要求继续编辑出版，发挥馆员撰写回忆录的积极性，以此推动文史资料的征集工作，故而从1987年至1988年接连出了三辑。在王馆长来文史馆之前，日常馆务由副馆长徐常太主持，其时文史馆已着手筹备一本以发表馆员撰写的文史资料为主的馆刊《上海文史》，但进展缓慢。王馆长长期从事编辑出版工作，又担任过出版局局长，对文史馆敬老崇文的办馆宗旨有独到的认识和见解，认为文史馆应该办一本有文史馆特色的综合性文史期刊，公开出版发行，扩大社会影响，为文史知识的普及做点贡献。他亲自抓这件事，组织编辑班子，确定办刊方针，可谓紧锣密鼓。考虑到一下子要公开出版拿不到刊号，他决定分两步走，先出内刊，同时积极争取早日公开出版发行。他一上任就抓的文史资料征集

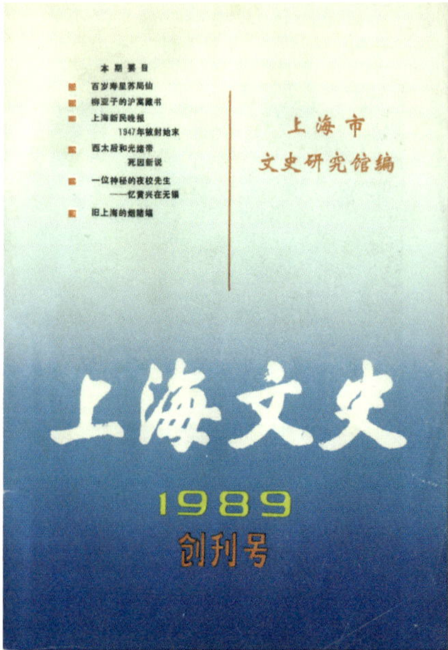


《上海文史》创刊号书影，刊名由上海市文史馆馆员胡问遂先生题写，馆员陶烈哉先生设计封面

工作和《史料选编》的编辑出版，为《上海文史》的创办积累经验，打下了基础。彭古丁（1919—2006）馆员年轻时有办报刊的经验，热心负责编辑《史料选编》，又积极参与刊物的筹备，故担任编委和责任编辑。1989年1月，由王国忠主编的《上海文史》半年刊创刊。这当中彭古丁馆员不顾年高，不计报酬，做了大量的工作。

《上海文史》创刊词开宗明义交代了办刊目的、优势、宗旨及方法，“采取立足上海、面向全国、顾及海外，兼容并蓄的方针；力求知识面广、史料价值高、趣味高尚隽永，达到使读者在欣赏文史知识的同时，既满足了求知欲望，也充实了精神生活”。《上海文史》创刊号的内容很好地体现了主编王国忠的编辑思想和办刊宗旨，在上海文史、出版界和全国文史馆系统都赢得了好口碑。我记得创刊号当时有两篇文章的社会影响特别大。其一是上海文史馆馆员段式巽回忆的《先父段祺瑞的功过》，该文作者以历史当事人的身份披露了1926年“三一八”北洋政府枪杀学生并非是由其父下令开枪的，一改长期以来的定论。此文由《报刊文摘》转摘，影响很大。其二是已故市政府参事董健吾的遗稿《记司徒雷登巧取勺园》，该文客观记述司徒雷登其人其事，经《文汇报》笔会副刊全文转载。

之后《上海文史》题材进一步拓展，依旧名家汇聚，佳作纷呈，保持质量。编委会在第二期“编者的话”中说：“《上海文史》创刊号出版后，不少读者及发行单位的反映是：‘史料丰富、内容隽永、风格典雅、趣味高尚’。出版界同行也认为在当前社会上林林总总、五光十色的期刊丛中，《上海文史》堪称独树一帜。创刊号出版不久，即争购一空。社会的积极评价，鞭策、鼓励我们兢兢业业地完成了第二期的编辑工作。”这一期的知名作者有章克标、郑逸梅、费礼文、陆印泉、钱剑夫、丁悚、王映霞、汤笔花和陶菊隐等。虽然这是一本内部刊物，但不少文章被海内外报刊转载，这在当时是不多见的。

## 联合中央文史馆创办《世纪》

《上海文史》从1991年起改为季刊出版。王馆长在抓刊物编辑出版质量的同时，为争取公开出版积极与有关部门疏通。我当时经办一些具体工作。1992年1月3日，国家新闻出版总署批复同意上海文史馆创办《上海文史》季刊，公开出版发行。1992年起，《上海文史》公开出版发行了，从装帧设计到内容，给读者耳目一新之感。从编辑部刊登在封二的《敬告读者》，可见编辑部同仁为《上海文史》创刊三年终获公开面世而欣喜雀跃。4月29日，《上海文史》编辑部邀请沪上新闻、出版界人士，假座瑞金宾馆举行公开出版发行座谈会。

王国忠（前排中）在《上海文史》公开发行座谈会后与编辑等合影，后排右一为作者

殊不知，其时上海文史馆因协助中央文史馆编纂“新编文史笔记”丛书，王馆长与中央文史馆萧乾馆长联系密切。萧馆长在获悉《上海文史》拿到公开刊号次月的2月19日，就嘱副馆长王楚光致函王馆长，正式提出央地两馆合办刊物的提议。信中说：“欣闻《上海文史》已批准公开发行，萧馆长及馆内同仁均感到非常高兴，相信通过此刊之发行，定能推动上海的馆务活动更加生机蓬勃地开展起来。”“就中央馆来讲，我们衷心地期望这种新的合作能够实现，以便把全国各馆合作共图的文史研究事业推向一个新的阶段。”王馆长敬重萧馆长，大局意识又强，对萧馆长提出的央地两馆联合办刊的提议表示赞同。于是，中央、上海两馆齐头并进，共同推动利用《上海文史》的出版刊号，联合创办一本新杂志的各项筹备工作。中央馆隶属国务院领导，央地文史馆合作办刊，首先要获得中央馆主管部门的同意。8月25日，国务院办公厅批准上海文史馆主办的《上海文史》改由中央、上海两家文史馆联合主办，刊名改称《世纪》。

关于《世纪》刊名的由来，我觉得有必要说明一下。为新刊物起名，大家都觉得太重要了，但起什么名却是件难事。那时，王馆长自己想了好几个刊名，还号召馆员和机关同志敞开思路动脑筋。记得有一段日子，我常常满脑子思考新刊名，诸如《春秋》《岁月》《风云》等，颠来倒去，折腾了好些日子，仍未有称心如意、一听就拍案叫好的刊名。功夫不负有心人，柳暗花明终有时。有一天，我到其时参与刊物筹备、后担任常务副主编的谢震林办公室，恰好谷苇先生在，我们就议论起刊名来了。我提起以前《文汇报》曾经有过的一个副刊叫“世纪风”（今天“笔会”的前身），感到“世纪”一词不错，不意引起了共鸣。后来王馆长把“世纪”这个刊名报给中央馆萧乾馆长，最后确定了下来。

1992年11月24日，上海文史馆向市新闻出版局提出请示，申请将《上海文史》季刊改为《世纪》双月刊，改由中央和上海两家文史馆共同主办，为全国性的、以文史为主的综合性期刊。1993年1月30日，国家新闻出版署向上海市新闻出版局批文同意，原由上海文史馆主办的《上海文史》自1993年7月起改为由中央文史馆和上海文史馆共同主

王国忠在《世纪》创刊后看望编委柯灵（沈飞德摄）

办的《世纪》双月刊。

上海文史馆与中央文史馆成功合办《世纪》，王馆长运筹帷幄，功居首位。国家新闻出版总署的批文下来后，两馆确定《世纪》的创刊时间定于 1993 年 7 月 1 日。王馆长兼任《世纪》杂志社社长、主编。之前他就着力抓了组建编辑班子、物色办公场地等几件大事，其中之一是做好《上海文史》的收尾工作。为集中精力办好《世纪》，特别是要出好创刊号，他决定 1993 年《上海文史》出版第一二期合刊。编辑部在合刊上发表《〈上海文史〉走向〈世纪〉》，宣告："《上海文史》划出了句号，《世纪》取而代之，充满自信地开始了新一轮的接力跑。"

1993 年 6 月 17 日、25 日，上海与中央两家文史馆分别在沪、京举办《世纪》创刊新闻发布会；7 月 1 日，《世纪》在上海创刊出版。

## 编辑出版两本中国远征军史著作

我在王馆长领导下从事编辑出版工作，深切感受到他始终遵循的"解放思想、实事求是"原则，使我受益良多。他组织编辑出版两本中国远征军历史的著作《缅甸之战——随孙立人刘放吾将军远征纪实》（以下简称《缅甸之战》）和《刘放吾将军与缅甸仁安羌大捷》，就是一个值得传颂的典范。

说起《缅甸之战》和《刘放吾将军与缅甸仁安羌大捷》这两本书的由来，源于上海文史馆馆员、《缅甸之战》作者戴广德（1916—2007）与抗日英雄刘放吾将军的一段抗日情缘。戴广德曾以贵阳《中央日报》记者、中国驻印军随军特派记者身份赴缅甸采访中国远征军，在抗战胜利后出版了《我们怎样打进缅甸》一书，其中写到率中国远征军新38师113团赢得缅甸仁安羌大捷的刘放吾团长。戴广德在《上海文史》创刊号发表了《英美盟军盛赞孙立人之内情——记缅甸仁安羌大捷》一文。岂料这篇文章后来竟实现了刘将军几十年来寻找戴广德的愿望，邀请戴广德赴美与他会面。戴广德在美期间，搜集资料，采访刘将军，修订旧作《我们怎样打进缅甸》，改名《缅甸之战》。刘将军之子刘伟民先生是位杰出的美籍华人企业家，他花费多年心血搜集资料撰写了《刘放吾将军与缅甸仁安羌大捷》一书，着重记述了1942年4月中国远征

戴广德著《缅甸之战》书影

《刘放吾将军与缅甸仁安羌大捷》书影

军新38师113团团长刘放吾将军，在英军及美国记者、传教士7500多人被日军围困于缅甸仁安羌油田，断粮断水，陷于绝境时，奉命飞兵相救，以不足一团兵力对日军一个师团，在军力、装备均处于劣势的情况下，出奇制胜，一举击溃日军的包围，解救盟军于危亡之中，震撼了东亚战场，成为第二次世界大战中的著名战役。但由于种种原因，仁安羌大捷在当年海内外报道中却被说成是英、美盟军的胜利。直至1992年4月，英国前首相撒切尔夫人在美国芝加哥亲切会晤刘放吾将军，感谢刘将军50年前在仁安羌解救英军，刘将军的抗日英雄事迹才获得肯定。刘伟民的书虽然篇幅不大，但以大量珍贵的图片和生动、翔实的史料，再现了中国军人在域外反法西斯战争中所做的贡献，具有很高的史料价值，对抗日战争史的深入研究和弘扬爱国主义精神，都是殊为难得的珍贵资料。

戴广德访美期间致函上海文史馆，希望由文史馆组织编辑出版他和刘伟民先生的两本书，以此纪念世界反法西斯战争暨中国抗日战争胜利50周年。那时对国民党军队在抗战中的作用和地位的评价远远没有像今天这样客观公正，出版中国远征军的书是要承担一定政治风险的。但王馆长审读了书稿，很快就决定接受戴广德馆员的建议。他安排世纪杂志社操办此事，由副社长叶广成负责，叶副社长还与我一起担任两本书的特约编辑。本来希望两本书都由上海书店出版，但他们只同意出一本。王馆长决定把刘伟民的书交上海书店出版，戴广德的书另找出版社。因要赶在抗战胜利50周年前出版，时间紧迫，上海一时又没合适的出版社，我遂请在市地方志办公室工作的复旦学弟王继杰帮忙，联系委托安徽合肥的黄山书社出版《缅甸之战》，为此我还专程赴合肥商议出版事宜。

王馆长一向重视在《世纪》上反映抗战史题材，他有感于刘放吾将军炽热的爱国情怀和富有传奇色彩的人生，在刘伟民和戴广德的书出版后，马上为《世纪》撰写了《解英军之围的刘放吾将军》一文。文章介绍了抗日英雄刘放吾将军的传奇人生，也表达了其对刘放吾将军的敬仰之情，还对《刘放吾将军与缅甸仁安羌大捷》和《缅甸之战》给予充分肯定，最后表示："今年，世界各地都在纪念反法西斯胜利50周年。

两本远征军书籍出版座谈会后，王国忠（右二）与王伟鼎（左三）、刘伟民舅舅（右三）、顾明（左二）、叶广成（右一）和本文作者（左一）合影

历史将会记得刘放吾这个反法西斯斗士的姓名。”

1995年8月22日，《刘放吾将军与缅甸仁安羌大捷》和《缅甸之战》两书出版座谈会在市政协泰山厅召开。文史馆顾明副馆长主持会议，王馆长详细介绍两本书的内容、价值和出版经过。全国黄埔军校同学会副会长程元，新闻界前辈冯英子、王维、谢蔚明，还有担任过中国远征军翻译的著名作家黄裳等出席了会议。海内外媒体对这两本中国远征军著作的出版纷纷予以报道，社会影响很大。戴广德馆员在他书的后记中诚挚地说：“上海市文史研究馆和世纪杂志社，鼎力支援拙著编辑出版，这是对馆员——我，最珍贵的鼓励与鞭策。”我深感这两本书能在抗战胜利50周年之际由上海文史馆组织编辑出版，集中反映了王国忠馆长作为一位老共产党员和成就丰硕的编辑出版家，尊重历史、实事求是的态度以及他不凡的学识和胆魄。

（本文作者为上海市文史研究馆副馆长、《世纪》杂志主编）

# 他贡献了《十万个为什么》

洪祖年

王国忠同志在出版战线，业绩赫赫，然而，最为闪耀的要数一套十分有名的图书——《十万个为什么》！

王国忠在20世纪50年代任少年儿童出版社第三编辑室主任（后任副总编辑），带领编辑们编辑出版了不少有益的科普图书。但是，他并不满足。他是一个具有极强事业心的人。他常常同编辑们议论当时少儿读物的现状，总认为很不尽人意。因为，在50年代，中国自己的青少年科普图书十分缺乏，也没有形成像样的创作队伍，主要靠翻译出版苏联的科普书籍，如伊林、瑞特科夫、比安基等的作品。而我们自己组织、编辑出版的一些中国作者写的，以青少年为读者对象的自然科学知识读物，往往都是薄本子（万把字到二三万字），内容简单，叙述生硬，缺乏生动性，引不起小读者的阅读兴趣，反响不大。

王国忠与编辑室同志议论这种状况时，明确提出：要立志为中国少年儿童编出一套具有中国特色的、有分量的、知识内容充实丰富的、可读性强的科普读物。

就这样，当时尚处在风华正茂年龄的王国忠，带领同样年轻的5个编辑人员——三十出头的曹燕芳，二十多岁的张伯文、黄廷元、潘勋照、洪祖年着手开始探索。

经过一段时间的酝酿和组稿，作者写来了稿子，一看，仍是老一套，没有少儿科普读物的特点，也没有超过同类出版物的质量。结果这部书稿没有被采用。

1987 年少年儿童出版社成立 35 周年社庆，王国忠（前排左三）与《十万个为什么》编辑曹燕芳（前排左二）、张伯文（前排右一）、洪祖年（后排左一）、黄廷元（后排左三）、潘励照（后排右二）合影

王国忠及时提醒编辑们不要气馁，并总结了经验教训，指出这次组稿失败的主要原因是：编辑这套书的指导思想含糊不清，缺乏鲜明的目的性，对这套书的写法及文字要求心中无数；作者力量仅限于上海几所师范学校的物理教研组，等等。

接着，王国忠带领编辑们在读者层、科技界、图书市场等多方面进行调查研究，同时认真地借鉴了一些外国优秀科普读物的长处，如《趣味物理学》《趣味数学》《我看见了什么》等，并结合少儿社自己编辑出版的《科学家谈二十一世纪》的编辑经验，在此基础上，王国忠和大家一起归纳出了一套比较完整的编辑方针：

1. 既具有小百科式自然科学知识读物的特点，又有别于一般百科编法，以文为主，却又不是条目性的，插以相当数量的插图，又有别于一般百科的示意图。

2. 紧紧扣住自然科学知识中的“为什么”的问题，尽量不收“什么”“怎么”的题目（个别的收些少量的“什么”“怎么”，是为了照顾到基础知识的系统性的衔接）。这样就有别于大量一般性的少儿知识读物，使这套书具有了自己的鲜明特色。

3. “为什么”的问题取材于生活实际，来源于小读者头脑中所思，使之针对性强。

4. 以科学小品为主体，既可以使每个单篇独立成章，同时又使整本书具有知识内容的连贯性。读者阅读方便，可以读读放放，也可以在产生问题时，随手查找阅读。

5. 笔法力求生动，避免枯燥。生动性、趣味性是少儿读物的生命，尤其是知识性图书。

6. 知识密度要高、信息量要大。同时，从基础知识角度来讲，这套书也要求比较全面、系统、完整。

7. 尽量动员各学科的专业人员写稿，以求科学的准确性。

指导思想明确了，王国忠就带领同事们，同时进行题目收集和样稿撰写。在两三个月中，发动几十所中小学、少年宫、少年科技指导站等方面提问题（发出了几百份征求题目的文件，收到了大量的“为什么”问题）；请几十位科技工作者及大专院校教师出题目；编辑们也同时从大量的科技书籍中收集题目。这样，“三管齐下”，最终共计收集到了四千多个“为什么”问题。接着，严格地从“为什么”角度进行取舍，随后约请了两百多位作者撰稿。同时，王国忠亲自带头写样稿。经过半年多时间，选用了一百多位作者的稿件，于 20 世纪 60 年代初开始陆续出齐了第一版的 8 个分册，分数学、物理、化学、天文气象、地理矿物、农业、生理卫生、动物。共收 1484 个“为什么”篇目，共 140 万字。

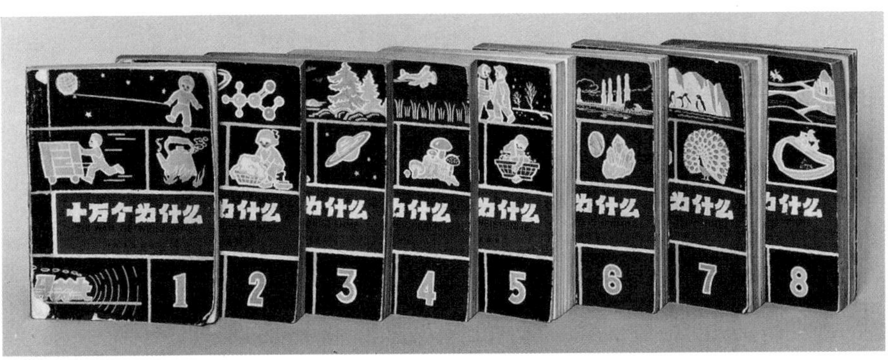


《十万个为什么》初版本

书一出版，引起社会上广泛的反响，不到一年，共收到读者自发来信 2218 件，地区遍及全国各省、市、自治区。出乎意料的是，阅读对象远远超出了少儿范围，除小读者外，连大人也爱读。到 1964 年，此书发行了 73 万套 584 万册；另外，有 19 个省的人民出版社又租型印了 260 万册。国内各民族出版社出版了民族文字版，盲文出版社出版了盲文版。国外，越南译成了越南文版，胡志明的书柜里也陈列着这套书，少年儿童出版社向印尼华侨读者供应了两万套。1964 年 12 月 22 日，时任共青团中央书记胡耀邦同志向参加团省市委书记会议的成员推荐《十万个为什么》，会上每人发一套，并号召全国青少年阅读这套书。内蒙古自治区团委一次就向少儿社订印了一万多套。胡乔木同志称赞这套书为“青少年的良好读物”，钱学森让自己的儿子每天读《十万个为什么》。

全国各地报刊发表了许多评介《十万个为什么》的文章，如《解放日报》多次发表出版消息及书评，并发表社论《培养孩子爱科学》；《人民日报》《光明日报》《文汇报》《中国青年报》等都发表了评论

《十万个为什么》获 1987 年全国优秀畅销书奖

文章。不久，上海科教电影制片厂根据书中部分内容，拍摄了科教片《知识老人》……

在取得如此成功的时候，王国忠提醒编辑们，不要自满。他看到了第一版中的诸多不足，及时提出要“精益求精”，进一步提高这套书质量。在广泛听取了各方面意见后，王国忠带领编辑们着手进行修订，编辑第二版。第二版定为14个分册，自1965年起，至1966年2月出齐。在那次修订过程中，约请了更多的科技工作者和科普作者写稿。不少著名科学家参与了写稿、提问题、担任顾问及审定工作，如茅以升、苏步青、李四光、竺可桢、张钰哲、戴文赛、钱崇澍、傅连暲等。

《十万个为什么》被称誉为“中国科普读物里程碑”，自出版至今，已将近六十年，总发行量超过一千万套（一亿多册）。这是王国忠带领5个青年编辑为中国科普读物编辑出版事业立下的功绩。王国忠作为《十万个为什么》的策划者、组织者、实施者（用形象的话来说，可称为“总导演”），更是功不可没。

现在，王国忠不在了，但是《十万个为什么》仍然保持着它鲜活的生命力，至今，它已经出到第六版了，相信它会一版一版再出版下去。

王国忠，他为中国青少年贡献了《十万个为什么》！

（本文作者为少年儿童出版社原副总编辑、编审）

# 我所认识的王国忠

高孝湛

光阴荏苒，王国忠同志仙逝已十年，但那年4月21日在华东医院探望他的情景仍然时时在我脑际出现，令我不胜感慨。这是一位对上海文化出版界做出重要贡献的优秀干部，推动中国少儿科普出版取得卓越成就的著名编辑家和作家，记录其为人处世及事业功绩，应属20世纪下半叶中国编辑出版史不可缺少的一页。日前获《新闻出版博物馆》编辑部告知，将组织一辑纪念文稿在馆刊中发表，深有感触。我与王国忠相识相知三十八载，可谓上海科学技术出版社（以下简称“科技社”）同事之中与他关系密切、获教益深刻、对他了解相对多者。曾有机会听他细谈自己的经历与理念，尤其难得。那是1979年7月，他与我作为科技社代表在北京参加全国出版工作会议，晚间相谈直至深夜。现就当年所见所闻，记忆所及，尽我所知，病中命笔，匆匆成文。提供其事迹点滴，冀望助力有关史料之整理。

## 地下共产党员 听从组织安排

王国忠给人的最初印象是一位温文尔雅的文人。他高高的个子，白皙的面庞，与人对谈时，语调不高，缓缓地，无论说普通话或上海话，都带着软软的苏南口音。说得高兴时，就会扬动右手的拇指。哪能想象，曾经，他竟是一名不畏生死艰险的中国共产党地下党员！

王国忠原籍江苏无锡，出生于1927年7月。1947年，我国著名实业家荣德生先生在无锡创办私立江南大学，10月开学时，他入学该校农艺系。一年后，1948年9月，这位热血进步青年加入中国共产党。我虽听他说到这个身份，却因他没有细谈这段光荣革命史，无法知道他地下斗争具体情况。但从他进而担任地下党支部书记可以想象他的英勇以及他为革命不怕牺牲的坚定信仰与坚强意志。

1949年4月，无锡解放前夕，地下党组织保卫城市斗争，王国忠是其中一员，直至4月23日深夜迎来解放军入城。接着，作为革命干部的培养对象，他在5月份就被选送入中央团校第一期学习，从此成为贡献自己一切力量的新中国建设者，随时听从组织安排，走向新岗位。

1951年夏他由农艺系毕业，却没有在本专业发展。组织上安排他就任《苏南农村青年报》总编辑。他挑起担子做得好，1952年就从无锡调往上海，到新民主主义青年团华东工作委员会下属华东青年出版社，任《新少年报》编委。

1952年12月28日，少年儿童出版社（以下简称“少儿社”）在上海成立。这个新生的单位亟待加强。1954年，组织上把他调进去，担任知识读物编辑科科长（后来改名为“第三编辑室”，任编辑室主任），后来晋升为副总编辑，仍分管少儿科普读物。在这里他爱上了少儿科普编创，使之成为终生事业，即便后来他离开了少儿社，也没有停止过对少儿科普编创的投入。他或主持策划，或组织编创，或亲自主编，或挥笔创作，先后出版《十万个为什么》《幼儿十万个为什么》《新编十万个为什么》和“中国少儿科普50年精品文库”“漫游科学世界丛书”等大量优秀作品。他撰写的少儿科普论文，在80万字的《王国忠文集》（2009年出版）中约占七分之一。因成就卓越，他在2004年就获得第一批“科普编创学科带头人”荣誉称号。

他原本学的农业技术，怎么会转变成对少儿科普的高度热爱？在北京细谈时我提出这个疑问。他说：“其实我自己最初的爱好是学习文史，我的高中是在无锡国学专修馆附中念的。因为工作需要而几经变动，做了少儿科普编辑。”“做一行就要爱一行、学一行、钻研一行，才能做好这一行。”“ 真正热爱自己的工作，想努力做好它，就会把它作为自己的兴趣爱好。”“个人的兴趣爱好，有很多人是由后天的经历产生的，是可以培养的。国家的需要、工作的任务，转化为自己的兴趣爱好，两者能结合，就最理想了。”我深有同感。

## 办好《科学普及资料》 为《科学画报》立功劳

1970 年 10 月，上海市出版局（以下简称“出版局”）及各出版社被撤销，并将上海市出版革命组改名为上海人民出版社（以下简称“人民社”）作为替代，下设政治读物编辑室、科技读物编辑室（“科技室”）等。1972 年 11 月，王国忠正在上海奉贤海滩的 “干校”劳动，他被调往科技室“临时”主持《科学普及资料》（以下简称“《资料》”）编辑出版工作。

出版这份《资料》，是因为《科学画报》杂志（以下简称“《科画》”）从 1966 年“文革”开始停刊，到 1972 年，外界有许多呼声需要这样的刊物，但还不能直接复刊，于是科技室先用一份“资料”来解决，以原来《科画》的几位老人马为主，组成了《资料》编辑组班底。但因组长下“干校”，需要找人接替，而王国忠具有少儿科普的背景，进入“工宣队”的“慧眼”，于是把他从“干校”中抽调上来，到科技室主管这个项目。

王国忠初来此地，人地两生疏。但他清楚认识到《科画》背景的重要。《科学画报》大名鼎鼎，是出版物中的名牌。1933 年 8 月由中国科学社创办，是我国历史最悠久的一本综合性科普期刊。1953 年起，先后由上海市科学技术普及协会（“市科普协”）、上海市科学技术协会（“市科协”）主办，交科技社出版，几十年来，它对提高群众科学水平，启发青年爱科学、投身科学事业起到很大作用。王国忠预见，未来必定有恢复《科学画报》刊名的那一天。

他既不因自己做过副总编又得到“工宣队”指派而自高，也不因过往只管少儿科普而自低。他谦虚诚恳地与科技室《资料》编辑组的成员交流，发挥他们的能量，并把自己的视野从少儿科普扩大到全民科普，提出自己的主张和建议，把握刊物的方向。因而，他的“主持”虽无任何职衔身份，却得到所有组员的尊重和支持。他尽力让《科画》老人马回归，以借调或作者身份等途径招纳新编绘人员，并且推动发掘好作者，使《资料》力量加强，业务顺利开展，进而于1974年改为《科学普及》月刊。

1976年“文革”结束。他受命于出版局党委，接到新任务，离开了科技室。但他已为《科画》的恢复和延续打下良好基础。

过了一年多，1978年1月，他出任科技社一把手，又继续关心和支持《科画》，当年《科学画报》就恢复原刊名，开始进一步发展。

特别要大书一笔的是，1983年，他决策为《科画》创刊50周年举行隆重纪念活动，得到主办单位市科协的同意和大力支持。7月26日纪念活动首先在北京人民大会堂举行，由茅以升主持，到会嘉宾规格极高：有国务院副总理兼国家科委主任方毅、中国科学院院长卢嘉锡、中国科学技术协会（以下称“全国科协”）副主席钱三强、中国科技大学校长严济慈等。接着上海市的纪念活动于8月2日在市政府大礼堂举行，由苏步青主持，到会嘉宾也是上海的高规格，有时任上海市委书记、市长汪道涵，上海市委书记、副市长阮崇武，上海市委宣传部部长王元化，市科协党组书记兼副主席高孝冲等。这两场纪念活动参加者囊括众多重要科学家、教师、科普作家、爱好者，并得到广泛报道，在全国和上海科技界、教育界、科普界、出版界影响大、效果好。那几天，科技社里，同事们是多么兴奋、开心，《科画》编辑部里的欢乐就更难以形容。这充分证明我们党和国家对科普、科普出版的重视，也客观地显示了《科画》的成功和魅力。此后更多的群众受到吸引而成为它的读者，让它发挥更大的作用。《科画》最高发行量曾达到每期上海45万册、外地102万册，共计147万册。

8月中，王国忠升任市出版局局长。这两场活动，是他在离开科技社前夕留下的一笔财富。

## 升任党政一把手 带领科技社再出发

1978 年 1 月，上海市委决定恢复“文革”前的出版系统体制，人民社各个“编辑室”升格恢复独立“出版社”。市委宣传部和局领导决定选派王国忠同志到出版社担任领导职务，在个别谈话时询问他，愿意到文艺出版社还是科技社？他毫不犹豫地选了科技社。1 月 18 日，王国忠就任科技社党组书记、社长兼总编辑。

这次科技社恢复独立体制，也是上海科技界的一件大事。

上海是中国现代科技最早的发祥地，科技教育人文荟萃，1949 年前一直是中国科技出版的中心，力量最强，出版物最多，为社会、为科技界教育界服务最好。1949 年后，经过公私合营和合并整顿，1956 年成立“科学技术出版社”。它 1958 年先后与上海科学普及出版社、上海卫生出版社合并，形成完整的科技社，是当时北京以外唯一立足本地、面向全国、放眼国际，能够与北京各科技专业出版社并肩而立的出版社。一直以来，在科技界、教育界和出版界享有良好的声誉和较高的地位。然而“文革”使它完全停运，人员流散，历史中断。现在科技社体制恢复，社史再续，重新再出发。能否重现当年的辉煌，这重担首先要由王国忠来挑。

他在这个岗位上耕耘五年又七个月。事实表明，他不仅能组织管理好少儿出版和科普出版，也能组织和管理好包括尖端科技在内的综合科技出版。1983 年 8 月，他出色地完成任务，带着卓越的成绩升任上海市出版局局长、党委副书记。

他的成功，当然与当时国家走向改革开放的大局、上海的社会背景、科技社前期的丰富积累和良好传统分不开，更少不了领导班子其他成员和全社员工的共同努力。但诸多成功因素之中，他的正确引领是首要元素。这元素能生效，来源于他的为人和能力都得到“老科技”的敬重，有很多条让他们心服口服的理由。

**完善机构 尊重班子**

王国忠到任后，第一要务是确定社的组织机构。他召开会议让各级干部充分发表意见。会上，我提出一个看法：上海科技力量雄厚，人才成长和储备丰厚，其原因之一是有科技教育和科学普及的优良传统。上海有强大的科技协会和科普协会，我们出版社也是在1958年由科学技术出版社与上海科学普及出版社、上海卫生出版社三者合并而成。所以现在科技出版社重新建立，在传统主流实用的“理、工、农、医”之外，应为科普和自然辩证法等综合学科设立一个专职编辑室。王国忠对此非常重视和赞同。果然，他和出版局最后决定的组织机构里有了“科普与综合读物编辑室”（“科普室”）。其他同志的好意见，他也都认真吸纳，使出版社的结构从一开始就得到完善。

科技社重建的党组和行政业务领导班子，有两位老同志，蔡明和姚允详，作为党组成员和副社长兼副总编，与王国忠搭档。蔡、姚两位分别于1957年和1958年就进入科技社领导班子，年龄也比他略大一些。蔡是地下党；姚1949年前是积极进步分子，后很早入党。他们都是很有修养的党员干部，各有科技专业背景。“文革”前两人已共事8年，工作认真负责，互相配合良好，对下平和，但不苟言笑，对工作方式和理念各有坚持。据我这个当时的中层干部所见，王对他们十分尊重，工作上让他们各自分管原来范畴，放手处理具体业务；凡开会总是让他们先说，自己只抓上级的布置以及总体方向和重大议题，并且共同研究决定。他与蔡、姚交谈，总是谦逊、亲切，没有带出丝毫一把手的姿态，也并不因从“少儿”到“专业科技”而缺乏信心。所以他们二位一直都很舒畅。后来1979年和1981年又有周蔚芸与倪耐安两位加入，也仍保持这个氛围和状态。社领导班子团结合作，集体领导好，乃科技社之福。

**选题规划 着眼长远**

选题规划是出版社的生命线。科技社组织机构建立和稳定之后，王国忠马上部署，要各编辑室制订更新选题规划。要求着眼长远，抓新、抓大、抓系列、抓重要；不要拘泥于一般分散的日常选题，后者留在年度计划处理。这个方针让各个编辑室头脑清醒，目标明确，很快见效。最明显的有：新建立的科普室快马加鞭，通过调研和思考，制定了《图解科学普及全书》、“现代自然科学普及丛书”、“新技术普及丛书”、“科技图册”出版规划，立即开始推动落实组稿。这四套书的宗旨、特色鲜明，作者水平突出，得到国家出版局和全国科协的肯定，于当年 12 月列入这两个机构共同制定的《1978–1985 全国重点科普图书出版规划》。

农科编辑室规划的一套“农业技术实用手册”系列图书，包括《植保员手册》《副业生产手册》等，切合农村实用，大受欢迎，多次加印和修订，成为长销书。1981 年 7 月 6 日中共中央办公厅转来时任总书记胡耀邦关于《副业生产手册》的批示：“谢谢你们为促进农业生产做了一件极有意义的工作。我想广大农村干部会以极大的兴趣欢迎这本小册子的出版。”（见 1981 年 7 月 21 日《人民日报》第 4 版）全社都大受鼓舞！

医科编辑室规划出版《中国医学百科全书》，卫生部领导大为赞赏。1978 年 8 月在北京召开会议筹备及落实任务。同年 12 月 5 日在武汉召开 140 人的第一次编委会议，卫生部部长钱信忠亲自担任编委会主任。1980 年 2 月即出版其“耳鼻咽喉科学”分卷。

理科编辑室规划《现代科学技术词典》，约请钱伟长等 8 位著名学者为顾问，钱三强作序，于 1980 年 2 月出版。

科普室规划的一套“科技史话丛书”，至 1979 年已经出版《纺织史话》《造船史话》《航运史话》《桥梁史话》《地学史话》等五种，都是专家著述，简要易明，又有清晰观点和扎实史料，水平很高。英国剑桥东亚科学史研究所，即“李约瑟研究所”，派出李约瑟秘书科恩博士于 11 月 8 日来科技社访问，索要赠书。科技社当即向其本人及李约瑟提供各一套。

**抓好重点　亲临一线**

王国忠在科技社的工作方法和作风，不是代替别人出主意、出题目，但是他对自己看准的重点都会给予支持，在需要他处理时，毫不犹豫地亲临第一线。他支持出版“数理化自学丛书”，并为它进行高层协调，保障必要条件。科技社为配合国家恢复高考而再版重印这套书，是对改革开放的一大贡献，许多人因此改变了命运。1977 年八九月间，科技室理科编辑组组长徐福生在苏步青那里听到国家有关恢复高考的消息，想到可把科技社“文革” 前出版的“数理化自学丛书”全套 17 册再版重印予以配合，然而组内疑虑犹存，意见分歧，犹豫不决。当时分管该组的室领导蔡明，对这套书极为了解，当年原版就是她组织出版。她敢于承担责任，决断拍板，批准“上马”。该组突击重排，室领导则组织室内外后续部门跟进，结果 1977 年冬开始陆续出版，正赶上知青备考的大形势，一举成功。科技室升格为“社”，王国忠主事之后，对这一项目大力支持。1978 年 5 月 30 日前已印出 147 万套，仍不能满足全国对它的渴求。而上海纸张极其短缺，已经达到无法适应这套书正常出版的地步。他为此亲自出面，并布置人员，与出版局有关部门、印刷公司、纸张公司商讨协调。他们专门到江西、浙江寻找造纸厂，解决造纸原料，包括各种化工原料，费尽周折，终于解除上海燃眉之急，最终合计印行 435 万套，共六千多万册。而外地的需求，只得由他们租型造货解决。尽管本社和上海的印刷发行因此得利都减少许多，他还是从全局出发做出这个决定。

科普室 1978 年初制订《图解科学普及全书》(以下简称“《图解》”)规划，得到他的全力支持。是年 3 月，科普室主任赴北京拜会于光远（当时兼任“自然辩证法研究会”理事长），这个计划得到他的欣赏，应允担任编委会主任，并由该会资助一定费用。4 月，已约定 40 位各学科顶尖带头科学家担任主编。5 月，在北京友谊宾馆召开《图解》主编会议，王国忠同姚允详带领我和两位编辑赴会，并亲自主持会议。

为形象地体现科研成果，科技图册必不可少，但 20 世纪七八十年代中国印刷工业及摄影器材物料滞后的状况，使之成为一大难题。《中国岩溶》在 70 年代初就列选，但大部分图片要重新拍摄，极其困难，以致编选停顿。王国忠决定派本社摄影师专责拍摄，甚至在拍摄广西岩溶时，用小型军用飞机航摄，摄影师靠绳子把身体捆在舱门上完成。接着又遇到印制时缺少高级铜版纸，铜版纸厂要求帮助解决他们缺少的高岭土，结果是王国忠通过熟人与苏州陶瓷厂联系解决。这本《中国岩溶》1987 年在“文革”后第一次全国科学大会上得奖，作者后来成为工程院院士。

### 健全制度 落实政策

科技社有着制定制度、科学管理的好传统。1959年先后公布《书稿审查办法》《原稿审阅、加工补充细则》；1962年8月更公布《上海科学技术出版社工作条例（试行草案）》80条，从指导思想到工作细则进行全面规范。

王国忠也肯定这条经验，再续前行。在1978年7月就连续公布实施《三级审稿的规定》《加强计划管理的规定》《出版业务工作条例》《校对职责、质量差错计算办法与数量指标》等文件，涵盖了编辑出版在社内的全流程。9月又公布试行《上海科学技术出版社书刊编辑的基本条件和职责》，作为出版局系统评定编辑职称试点单位，通过制定和试行这一文件，使社内编辑人员加深认识，从而顺利落实政策，完成评定。他在1980年完成这项工作后总结经验，“我们体会，步子稳一点、政策活一点、思想工作细一点，对评定工作大有好处”，并撰写《我们是怎样评定编辑职称的》一文详细分析，发表在《中国出版》杂志。

### 大胆开拓 国际合作

王国忠1978年上任后已经看到对外联系合作的趋势，开始进行准备。其中措施，一是指定专人，二是商议本社英文社名，在10月份有了定案。

当时各出版社一般都在1980年10月参加法兰克福书展后开始与外国出版社交往，而科技社却年初开场就喜讯连连。首先迎来日本小学馆登门拜访。我们向日方推荐《中药大辞典》，正中对方所好。几经来社深入了解和谈判，当年9月就签约生效。我方提出需要一部复印机，日方也爽快答应赠送，很快运到。当时这在上海出版社极为稀有，成为社里的宝贝。9月又有美国物理学会代表来社要求选取《激光》杂志内容刊登于该会《中国物理》英语版，得到同意。继而，国家外文局与意大利出版社合作出版《针灸经穴图》意大利版，亦获我社同意。

1980年，王国忠作为上海代表团成员参加法兰克福书展回来，又与日本雄浑社谈判合作出版《中国汉方医学大全》20种，在1981年1月签约。1982年5月与雄浑社签约合作出版《眼病图谱》；11月与德

王国忠（右三）、高孝湛（左一）接待日本出版界人士

国斯普林格出版公司签约合作出版《烧伤治疗》《显微外科》英语版，向全世界公布我国专家的领先成就。这些合约，都是他亲自谈判和签署。国际合作的丰收，证明他的预见没有错。

短短两年，科技社已经得到国家有关部门的重视。1980 年 10 月，科技社《科学种田》杂志编辑部受农业部委托，主办“全国农业科普期刊经验交流会”，农业部和市出版局领导出席；同年 11 月，科技社受国家出版局委托主办首次“全国省市自治区科技出版社长总编辑会议”，各地 38 位代表出席。这两次会议都由他主持，发挥了代表性出版社的功能。

## 依依不舍 关怀长存

1983 年 8 月，王国忠升任市出版局局长。那时我已于 1982 年被借调去香港工作，但与社里声气相通。同事们告诉我，科技社在他引领下再出发，已回到国家科技出版中心之一的地位，全社上下普遍充满信心和朝气。大家为他承担更重要的职务而高兴，也为今后不能与他朝夕相处而依依不舍。他表态不会忘记在这里共同努力的岁月，在出版局还是会继续关心和支持科技社的发展。这份情谊永远不变。后来的事实也证明他说到做到了。

我认识王国忠同志是从他1972年来到科技室开始。其实他的名字，我在《十万个为什么》出版之后就听到了。少年儿童出版社（以下简称“少儿社”）的这套书，1961年开始出版，1962年出齐，一下子卖了530多万册，轰动一时；1964年扩充的第二版更加出名。上海出版界都知道是他主持策划、编写出版。当时我在科技社忙于筹建生物组，后来又担任了农科编辑室主任，从来也是以普通读者为第一对象，常备一套第二版《十万个为什么》在手边，时时翻阅，很想听听他的经验，却一直没能去少儿社。

1972年，机会来了。11月他到科技室，我则担任农科组的组长，很快就找了个时间约他交谈，向他请教《十万个为什么》的编辑经验。他很谦虚，也很实在，说得很详细。尽管刚来科技室不久，却没有生疏感。我也向他介绍，自己进入出版社以来，无论是踏进医科，还是创建生物组，都是从科普读物入手，1970年5月开始组织“下乡知识青年农业读物”丛书40种，1971年1月出版以后大受欢迎。可以说，有共同的见解，谈得很畅快、很投机。虽然以后各有各忙，见面机会很少，但这次交谈已经给双方留下深刻印象。

从1978年到1986年他调任市文史研究馆馆长之前，这8年间我与他纯粹是上下级关系，没有任何私人交往，从来没有去过他家里。但是工作中互相理解。1972年那次谈话之后，我知道有许多地方可以向他学习。他成为社领导之后，更感到他是自己的榜样。这么多年交往之中，他是领导，但没有任何官气架子。他年长我7年，但没有任何年长架势，对我从来都是亲切而友善，关心和帮助，使我能不断进步提高。他就像是我的兄长。我对文史也有所爱好，但与他相距甚远。他文史修养甚高，书法艺术精湛，我却欲研习而未得其法。我所能做的，就是努力做好工作，既完成自己任务，又达成他的意愿。

原本我还有机遇可与王国忠再次共事合作。那是1990年，他在市文史馆任馆长。我受委派来香港工作已是第9个年头，根据当时新政策，

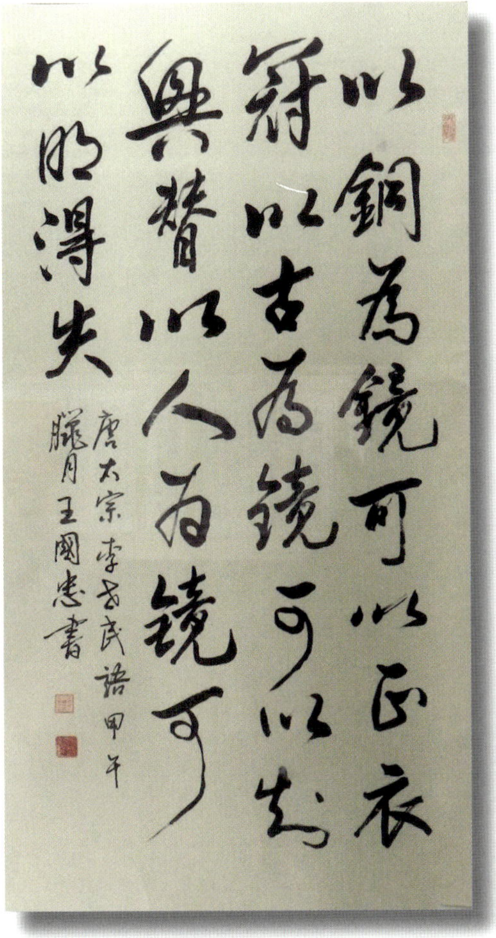


王国忠书法作品

派出6年以上必须调回原地。新华社香港分社一位领导让我先到上海确定回去后的工作岗位。7月中旬我到了上海。市委组织部和统战部原本安排我去文史馆，可是天意弄人，就在启程返港路上我收到家中噩耗，犹如晴天霹雳，颠覆了这一切安排，使我失去了这个机会，不能与王国忠相聚、共事，这是我最大的遗憾。

此后，我本当更多与他联系，为他多多出力，却因处境变化而做得很少。今以此文表心意之万一。

（本文作者为上海科学技术出版社原总编辑）

# 《新月》月刊的13则文学译著广告

赵江姗

《新月》月刊于1928年由徐志摩等人发起创办，1931年徐志摩去世后，月刊渐渐衰落，直至1933年悄然停办，共发行了四卷41期。《新月》月刊内容涉及古今中外各类文学、史实考证、国学研究、时政评论、社会科学等诸多方面，也透露出新月社成员内部和外部交往的情况，在传媒、近代史、文学研究、译介等方面有着不小的研究价值。

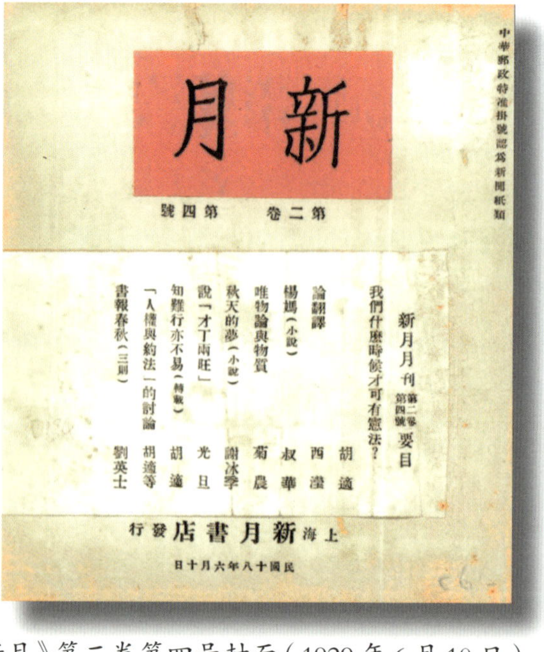


《新月》第二卷第四号封面（1929年6月10日）

和厚重广博、大家云集的月刊正文相比，散落在边边角角的广告不免显得浅显零碎，但其在大众传媒、商业推广方面的价值仍然未被忽略，《新月》月刊以及其他颇具影响力的民国报刊上的广告，正在成为许多学者研究的对象。

广告固然是一种具有迎合性质的商业推广方式，但同时也是《新月》宣扬自身审美取向与文化主张的重要渠道，在某些特定时刻，甚至能够成为大众文化的引领者与规训者。《新月》月刊的广告主要有以下几类：一是新月书店出版的图书推介；二是期刊的互推广告，包括后期胡适等人创办的新杂志；三是新月文具，如新月稿纸等文创产品；四是商业广告，如兴业银行等。其中，新月书店出版图书的推介广告尤为瞩目，这些推介广告不仅对图书内容以及作者进行简介，而且对于书籍的风格、趣味甚至受众进行界定，与月刊正文相呼应，能够从侧面反映出新月社的文艺思想与主张。

在这些图书推介广告中，对译著的推介不容忽视。在新文化运动的背景下，各种译介外国文学与社科类作品的出版机构数量很大，新月派文人的译介也彰显了自己在文学创作与翻译等诸多方面的态度与追求。虽然徐志摩在《“新月”的态度》中说“新月月刊是独立的”，[①] 但不可否认的是，新月书店支撑着《新月》月刊的印刷与发行，也以之为平台宣传着自身的出版，二者的事实关系非常紧密。

新月书店出版的译著一共有24部，主要分为社会科学类著作与文学作品，由于对文学作品的译介最能反映新月社成员的文艺理念，加之“文艺的杂志”[②] 是《新月》月刊最初的办刊方向，所以这些文学译著广告也是很值得品析的。

《新月》月刊上推介过的文学作品主要有这13部：戏剧《造谣学校》《诡姻缘》《可钦佩的克来敦》《威尼斯商人》《若邈久袅新弹词》《迷眼的沙子》；小说《玛丽玛丽》《少年哥德之创造》《织工马南传》《潘彼得》《何侃生与倪珂兰》[③]；诗集《先知》；书信集《阿伯拉与哀绿绮思的情书》。从中我们不仅可以看出《新月》月刊在翻译选材上的多样性，而且能够体会到其对戏剧的重视，以至于对外国戏剧的推介几乎占据了半数，相关的广告词中更是不乏新月社成员的戏剧理念。

从时间上看，第一卷推介了《玛丽玛丽》《少年哥德之创造》《阿伯拉与哀绿绮思的情书》这 3 部，第二卷推介了《造谣学校》《诡姻缘》《可钦佩的克来敦》《威尼斯商人》《若邈久袅新弹词》《迷眼的沙子》《何侃生与倪珂兰》《潘彼得》这 8 部，第四卷推介了《织工马南传》和《先知》，而第三卷则没有推介任何外国文学名著，这或许是因为月刊当时主要由政治活动家罗隆基主持，对时事政治的关心导致对文艺不如之前重视。相比于冷落文艺的第三卷，在第二卷时期，月刊不仅译介了较多的外国文学名著，而且关于翻译的讨论文字也多了起来，部分原因在于这一时期恰好是《新月》主编梁实秋与鲁迅就翻译问题展开论战的时期，由此可见，《新月》月刊上对外国文学名著的推介与其背后的人事活动不无关系。另外，这一时期的译著广告，也从侧面反映出新月派的翻译理念。

那么从这为数不多的广告中，我们能够解读出新月派文人在戏剧与翻译上怎样的艺术观呢？

## “纯粹的滑稽剧”与“极合舞台之搬演”

《新月》月刊广告中推介的这 6 部外国戏剧中除了《若邈久袅新弹词》（即《罗密欧与朱丽叶》）是悲剧，其余 5 部都是喜剧或滑稽剧，而这其中唯一的悲剧，在广告词中也是轻松愉悦的。这虽然并不能说明新月派对于悲剧的忽视，但无可置疑的是，他们更加偏好轻松幽默、富于机警语言的喜剧。

《新月》月刊之所以大力宣传西方风俗喜剧，主要有两个原因：

首先是喜剧具有鲜明的趣味性而含有较少的道德训诫，这一点颇符合新月派追求纯粹戏剧艺术的主张。闻一多、余上沅、梁实秋等人都不赞同像易卜生那样创作功利性很强的写实剧，梁实秋批评这种社会问题剧：“问题剧，里面有问题，同时也要是剧才成。捉着问题，而写不成剧，那仍不能成为艺术。”④ 早在 1923 年，徐志摩就指出：“戏的最先和最后的条件是戏，一种特殊的艺式，不是东牛西马不相干的东西。”[⑤]这体现出他认为戏剧应有自身独立价值的倾向。闻一多也指出：“谁知道戏剧同文学拉拢了，不就是戏剧的退化呢？艺术的最高目的，是要达到‘纯形’pure form 的境地”，“问题粘的越多，纯形的艺术越少”。[⑥]这体现了闻一多对戏剧形式美的追求。

作为新月社里“专业的”戏剧人，余上沅同样倡导将戏剧作为“纯粹的艺术”，他曾在《旧戏评价》中说道：“这幅画只是些形象的关系，它是不是代表桌子椅子倒不要紧，要紧的是你去正看倒看，左看右看，它都能给你一种乐趣。绘画要做到了这一步，我们就叫它是纯粹的艺术。”[⑦]余上沅并不求艺术作品的真实内容，而是更注重它是否能给人带来真正的愉悦，认为这才是一种纯粹。

基于这种倾向，我们才会看到这样的广告词：

> 纯粹的滑稽剧本，中国向来是很少的，所以赵少侯先生特意把这个伟大作家的不朽剧本，用极流利的文字译了出来。读了之后，

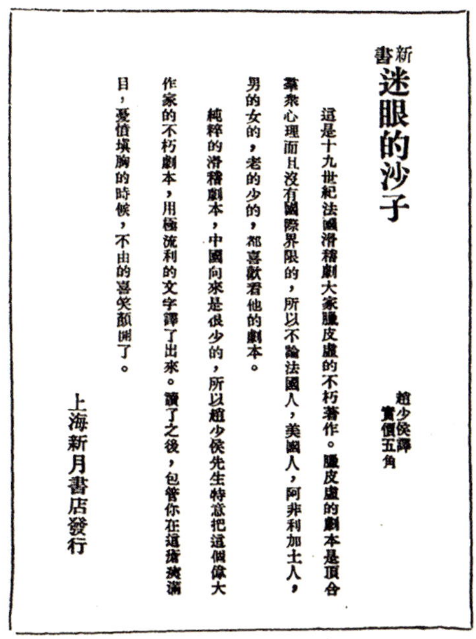

新書

迷眼的沙子

趙少侯譯 實價五角

這是十九世紀法國滑稽劇大家臘皮虛的不朽著作。臘皮虛的劇本是頂合羣衆心理而且沒有國際界限的，所以不論法國人，美國人，阿非利加土人，男的女的，老的少的，都喜歡看他的劇本。

純粹的滑稽劇本，中國向來是很少的，所以趙少侯先生特意把這個偉大作家的不朽劇本，用極流利的文字譯了出來。讀了之後，包管你在這瘡痍滿目，憂憤填胸的時候，不由的喜笑顏開了。

上海新月書店發行

《新月》第二卷第六、第七号合刊封面及《迷眼的沙子》广告词（1929 年 9 月 10 日）

包管你在这疮痍满目，忧愤填胸的时候，不由的喜笑颜开了。（《迷眼的沙子》广告词，见于第二卷第六、第七号合刊，及第八、第九、第十二号）

从这段广告词中，我们能够读出这样的信息：虽然新月派并不否认时局的艰辛，但即使在“疮痍满目、忧愤填胸”的大环境下，引进新的戏剧形式也是很必要的，而追求个体的欢愉也无可厚非。梁实秋在他给谢里丹的喜剧《造谣学校》所做的序言中表达出了类似的主张：“他（作者谢里丹）没有一个严重的哲学的观点，他的戏里没有什么深刻的伦理的含义，但是在英国的戏剧史上，他的确有一个位置。”而他之所以有其价值所在，就是因为他打破了传统的“泪的喜剧”（Comedie Lamoyante），即在喜剧中“包涵道德和训诫的意味”。在语言风格上，也有较为鲜明的个性：“无论多么平凡的意思，经他一说，便来得俏皮，来得干净。”

重视喜剧的第二个原因是喜剧更贴合中国传统戏剧的特点，符合中国观众的趣味。在新文化运动的背景下，许多人认为中国古典戏剧缺乏对社会现实的深度剖析，只是为了取悦观众而已，钱玄同甚至认为应该对传统戏剧“全数封闭”。[8] 新月派的态度则宽容的多，余上沅等人还发起了国剧运动，希望能够改良中国戏剧而非消灭，他们赞同传统戏剧的写意性及其高度的程式化特点，并不倡导写实性戏剧，风俗喜剧在传统戏剧中是有很大比重的，因而引入西方喜剧的背后，有着新月派对于中国传统风俗喜剧的肯定。即便是悲剧，也更倾向于表现其中之“喜”。

现由邓以蛰先生用弹词的新调，把有情人的心曲极委婉的表现出来，花前月下，人手一编，相与共读，那么莎翁名剧的流风余韵，一定更可以叫我们倍增快乐。（《若邈久袅新弹词》广告词，见于第二卷第一号）

这段广告词可以说是很符合看惯了才子佳人式戏剧的中国观众的，

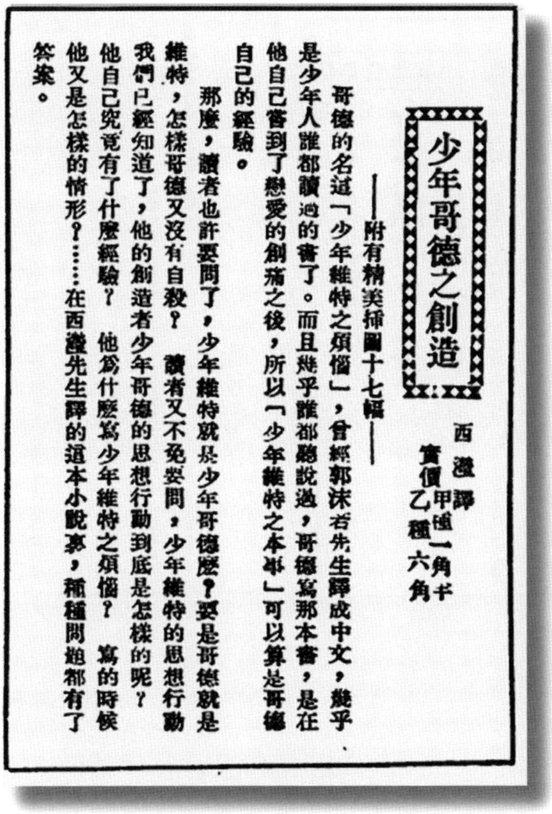

《少年哥德之创造》广告词

对于戏剧的悲剧性几乎没有涉及。除此之外，从译名上也能看出，新月派并不主张全盘西化，而是希望将西方戏剧与中国传统戏剧相融合，使之符合中国人的审美习惯，对于“弹词”这种古典曲艺形式也给予了肯定，甚至将其作为了“卖点”。

这种戏剧理念并非只是从广告词的只言片语中拈取而成，在月刊正文中亦有明确体现。译过《威尼斯商人》的顾仲彝曾在《新月》第一卷第二号上，发表题为《今后的历史剧》的文章，他认为“编剧最忌有明显的道德或政治的目标，而尤其是历史剧”，并且认为郭沫若的历史剧之所以不够高明就是因为他的“三个历史剧全是为所谓革命思想和反抗思想所作的”，甚至举出剧中台词以证明其毫无艺术性可言。至于历史剧的价值，不得不提及中国传统文化自身的丰富积淀与宝贵戏剧题材，历史剧又是古典戏剧里面的重头戏，这种对于中国古典戏剧的珍视是显

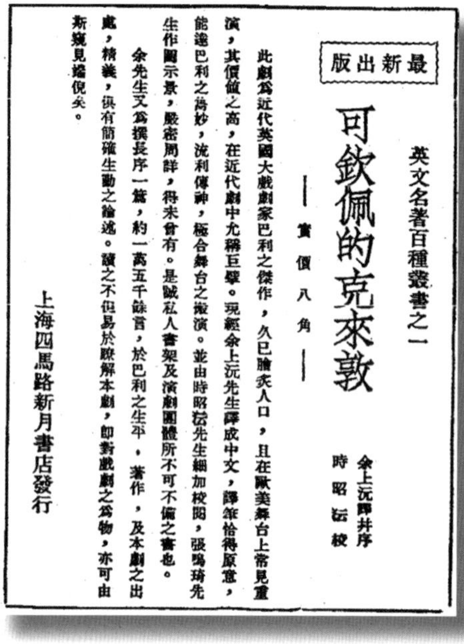

最新出版

英文名著百種叢書之一

可欽佩的克來敦

余上沅譯并序

時昭涵校

實價八角

此劇爲近代英國大戲劇家巴利之傑作，久已膾炙人口，且在歐美舞台上常見重演，其價値之高，在近代劇中尤稱巨擘。現經余上沅先生譯成中文，譯筆恰得原意，能達巴利之雋妙，流利傳神，極合舞台之搬演。並由時昭涵先生細加校閱，張鳴琦先生作圖示景，嚴密周詳，得未曾有。是誠私人書架及演劇團體所不可不備之書也。

余先生又爲撰長序一篇，約一萬五千餘言，於巴利之生平，著作，及本劇之出處，精義，俱有簡確生動之論述。讀之不但易於瞭解本劇，即對戲劇之爲物，亦可由斯窺見端倪矣。

上海四馬路新月書店發行

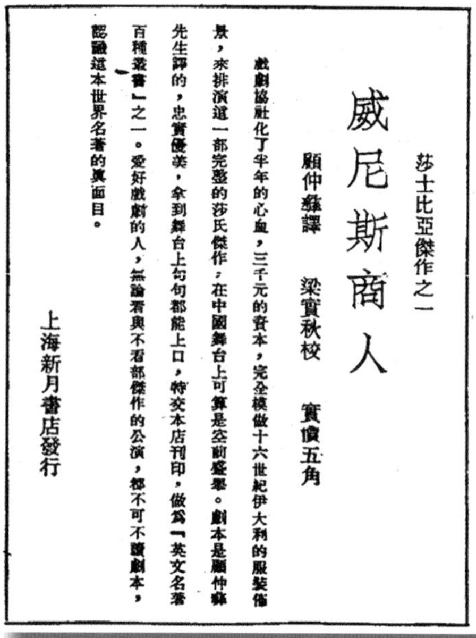

莎士比亞傑作之一

威尼斯商人

顧仲彝譯　梁實秋校　實價五角

戲劇協社化了半年的心血，三千元的資本，完全模倣十六世紀伊大利的服裝佈景，來排演這一部完整的莎氏傑作，在中國舞台上可算是空前盛舉。劇本是顧仲彝先生譯的，忠實優美，拿到舞台上句句都能上口，特交本店刊印，做爲「英文名著百種叢書」之一。愛好戲劇的人，無論看與不看部傑作的公演，都不可不讀劇本，認識這本世界名著的眞面目。

上海新月書店發行

《可钦佩的克来敦》与《威尼斯商人》广告词

而易见的。然而，中国古典戏剧的弊端也同样不能回避，顾仲彝认为传统的历史剧“缺少艺术，结构松懈，极其能事只不过讲述故事，铺陈旧说”，要想改进，必须“用西洋戏剧的艺术把富厚的材料，组成伟大的新文艺”。

这些广告词与《新月》正文交相辉映，强调了新月派文人在戏剧上追求“纯粹的滑稽剧”的特点。除了重视喜剧外，《新月》广告中体现出的另一个戏剧理念就是将戏剧视为一种综合艺术，重视语言的舞台性和表演的视觉效果，并且以此为基础，在翻译出版的戏剧作品中引入插图等宣传形式。

戏剧语言不同于诗歌、小说，尤其要适合舞台表演。《新月》月刊在推介这些戏剧作品时则有所体现：

> 译笔恰得原意，能达巴利之隽妙，流利传神，极合舞台之搬演。（《可钦佩的克来敦》广告词，见于第二卷第十二号）
>
> 剧本是顾仲彝先生译的，忠实优美，拿到舞台上句句都能上口。

（《威尼斯商人》广告词，见于第二卷第十二号，第四卷第一、第四号）

这种力求语言流畅的倾向，除了在翻译戏剧时有所体现，也与新月派整体翻译观念相一致。除了语言要“极合舞台之搬演”，新月派还特别重视舞台的视觉效果，在戏剧作品中加入了插图以模拟戏剧舞台的情形，并希望借此推动剧场的演出实践。

> 时昭沄先生细加校阅，张鸣琦先生作图示景，严密周详，得未曾有。是诚私人书架及演剧团体所不可不备之书也。（《可钦佩的克来敦》广告词）
>
> 这本小书印刷精良，插图珍贵，装订美丽，拿它作馈赠的礼品，尤其清雅别致。（《若邈久袅新弹词》广告词）

插图的引入不仅能够增强出版物的竞争力，而且有利于宣传戏剧这种舞台艺术，培养受众的审美趣味，具有很强的感染力。

除此以外，《新月》对于具体的戏剧实践活动也持有较高的关注度，如 1930 年 5 月上海戏剧协社上演《威尼斯商人》，按照日本学者濑户宏的说法，这是“中国第一次严格意义上的莎士比亚翻译作品演出”。这次演出所依据的顾仲彝译本，《新月》早已在演出之前的 2 月，也就是在第二卷第十二号上打出了广告：

> 戏剧协社花了半年的心血，三千元的资本，完全模做十六世纪伊大利的服装布景，来排演这一部完整的莎氏杰作，在中国舞台上可算是空前盛举。（《威尼斯商人》广告词）

这次演出固然取得了不小的成绩，接踵而至的媒体报道也不在少数，但是能够在演出之前就予以宣传并出版了剧本，足以反映《新月》月刊对于戏剧舞台事件的关注。

从整体上看，新月社在戏剧方面追求的是将戏剧作为一种独立的艺术形式，能够体现出纯粹的审美价值。对待戏剧的态度与理念，其实是与新月派整体的文艺观相一致的。他们大多受过西方教育，又有较为坚实的古典文化基础，对待二者的态度都比较中和，这种中和冷静的心态使得他们并不十分追求艺术的功利性，而是较多地追求艺术的独立性、纯粹性乃至精英性质。

## 从“忠实流畅”到“生色不少”

《新月》月刊广告词中所反映出的翻译理念，主要集中在翻译选材、翻译方法和译者地位上。这三方面其实是内在统一的，在翻译选材上与其戏剧理念是一脉相承的，都追求艺术品位与趣味、表现真纯情感，而这种抒情性较强的作品往往需要灵活的翻译来保证作品的感染力，这样就要求给予译者较大的自由度，也对翻译水平和质量提出了更高的要求。

如梁实秋翻译《阿伯拉与哀绿绮思的情书》，不仅因为它“文辞极雅驯”，还在于“不但把礼教的桎梏重重的打破，把监视的理性也扑倒了”。[9] 而选择翻译《织工马南传》，因为它是“人性的描写”。[10] 这种

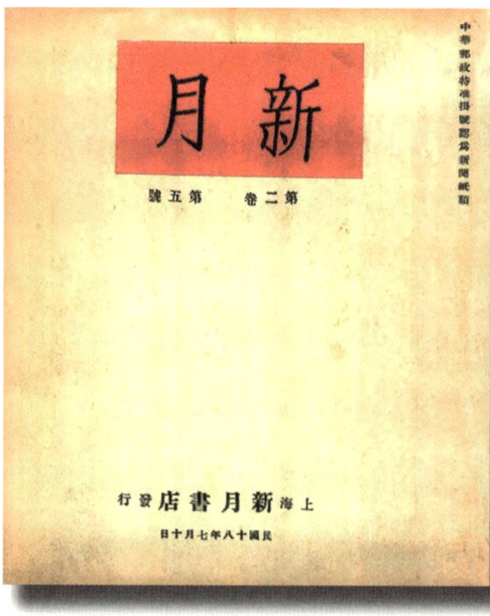


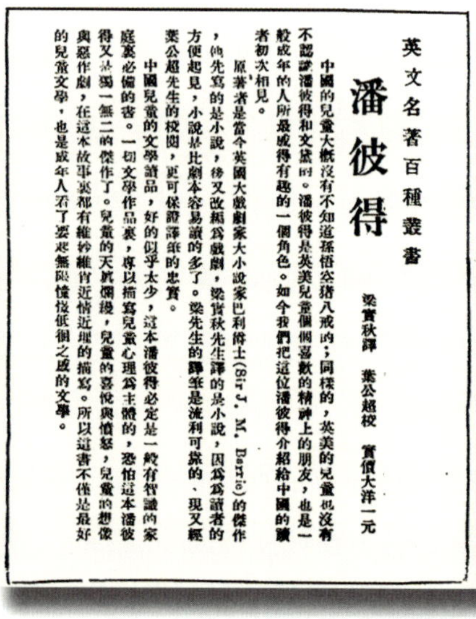


《新月》第二卷第五号封面及《潘彼得》广告词（1929年7月10日）

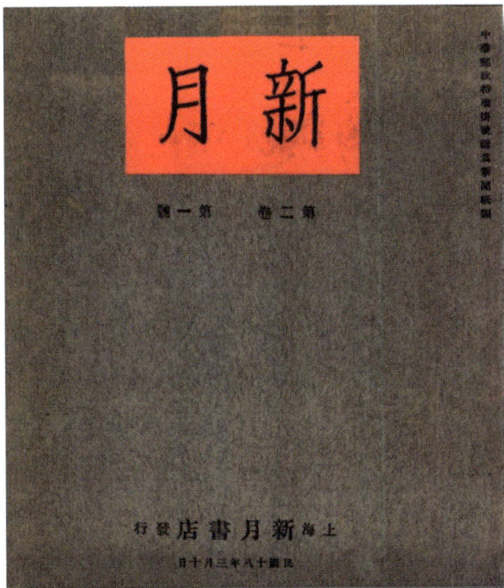


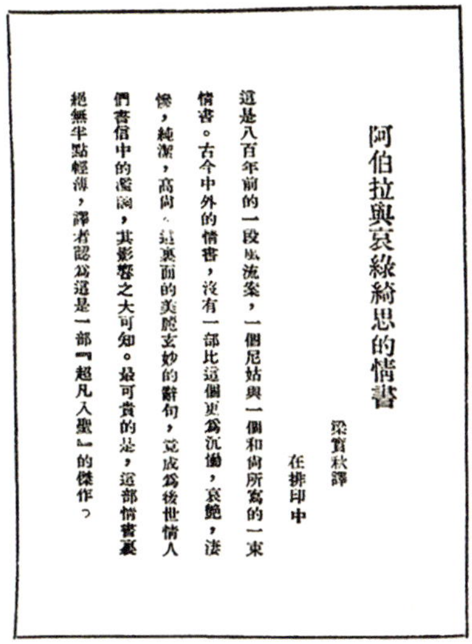

阿伯拉與哀綠綺思的情書

梁實秋譯

在排印中

這是八百年前的一段風流案，一個尼姑與一個和尚所寫的一束情書。古今中外的情書，沒有一部比這個更爲沉慟，哀艷，淒慘，純潔，高尚。這裏面的美麗玄妙的辭句，竟成爲後世情人們書信中的濫調，其影響之大可知。最可貴的是，這部情書裏絕無半點輕薄，譯者認爲這是一部『超凡入聖』的傑作。

《新月》第二卷第一号封面及《阿伯拉与哀绿绮思的情书》广告词（1929 年 3 月 10 日）

对于真纯情感和朴实人性的宣扬，在刊出的广告词中亦有诸多表露：

> 这是八百年前的一段风流案，一个尼姑与一个和尚所写的一束情书。古今中外的情书，没有一部比这个更为沉恸，哀艳，凄惨，纯洁，高尚。（《阿伯拉与哀绿绮思的情书》广告词，见于第一卷第七、八、九、十号，第二卷第一、第二号，第三卷第一、第八、第九号，第四卷第六号）
>
> 潘彼得代表的是永恒的精神，青春的喜悦，和人类最宝贵的创造不朽的努力。（《潘彼得》广告词，见于第二卷第五号）

这些广告词大多突出作品在情感层面的感召性，含有一定的启蒙意味，月刊上推介的外国小说，绝大多数都是具有浪漫主义气质的情感类题材的作品，这种作品的特点即在于感染力较强，语言上通俗和雅驯兼具，因而在翻译上不得不考虑到读者是否能感同身受，这样就要首先保证译文的流畅，其次是允许灵活的“曲译”。

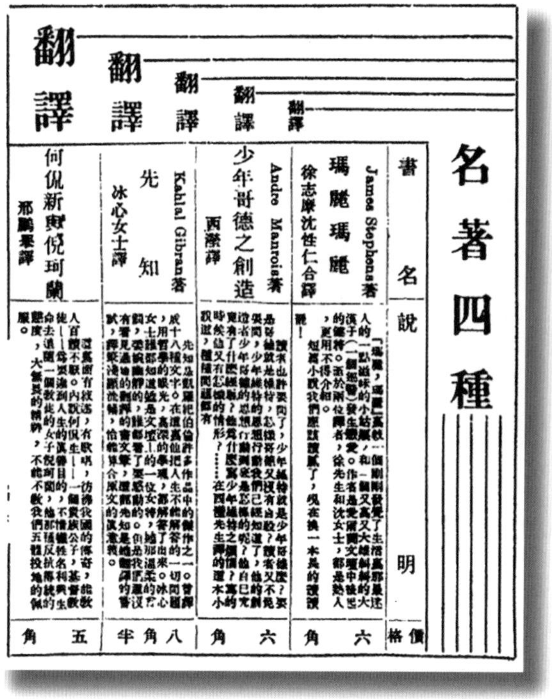


《何侃生与倪珂兰》等四则合并广告

追求流畅的语言美感，这在广告词中随处可见，除了上文提到的戏剧语言的翻译，在其他体裁的作品中也有多处提及：

> 译笔忠实流畅，一无硬译生译的痕迹。(《织工马南传》广告词，见于第四卷第一号，即徐志摩纪念号，第二、第三、第五、第六号)
>
> 译者在散文方面用直译，诗的方面用意译，务期十分忠实而又能把原作的神韵惟妙惟肖的传出。(《何侃生与倪珂兰》广告词)
>
> 梁先生的译笔是流利可靠的，现又经叶公超先生的校阅，更可保证译笔的忠实。(《潘彼得》广告词)
>
> 这部《先知》是她翻译的尝试，哲理虽深，而译笔浅显流畅，恰能算合原文的真意义。(《先知》广告词，见于第四卷第一、第二、第三、第四、第五号)

从这些广告语中，可以看出出现频率最高的是“流利”“流畅”一类的词语，这说明新月派在翻译方面的首要标准是流畅。此外便是容许灵活的“曲译”，如邓以蛰将《罗密欧与朱丽叶》这部戏剧翻译成了中国的弹词，这种非但是字句上的改变，也是对于原文体裁的不忠实，在新月派看来，却正是其优势与价值所在。还有《诡姻缘》（*She Stoops to Conquer*）的译名也颇具古典气质，若是直译，则应该译为《屈身求爱》。可见，新月派在翻译上并不完全追求西化的表达，而是希望与汉语的表达习惯相调和，使读者的阅读更方便，同时也体现出译者的主体性。这与梁实秋在《论鲁迅先生的“硬译”》一文中为“曲译”做的辩护是一致的：“部分的曲译即使是错误，究竟也还给你一个错误，这个错误也许真是害人无穷的，而你读的时候竟还落个爽快。”

总之，新月派在翻译的首要标准上，是追求流畅通顺的，但是在实际操作中,译者也并没有放弃“忠实”原则。通过这些广告就能发现，虽然强调“流畅”“流利”，但是也不乏“忠实”“可靠”“恰得原意”这类字眼，并多次强调除译者外，还另有人校阅，这体现出对待翻译的严谨态度。

另外一个体现于《新月》广告中的翻译观念是凸显译者的地位，通过译者序、附言等形式，加强了作品与译者以及推介者之间的关联。如广告中明确提及的是《造谣学校》有梁实秋作序，叶公超给《诡姻缘》和《潘彼得》作序，余上沅为《可钦佩的克来敦》翻译并作序。作序能够体现出作序者对作家作品及翻译方法的肯定，《新月》月刊中不乏谈及翻译方法的文章，广告则在某种程度上成了一种隐形的评论，用以表现出月刊整体的翻译理念。

在广告词中大力赞扬译者的功劳，是凸显译者地位的另一种方式，如《造谣学校》的广告词：

> 兹经翻译名家伍光建先生本其数十年翻译的经验，移译成书。
>
> 伍先生是当今国内最有经验的翻译家，其译笔极为灵活，往往遇顶困难的地方，能有传神之妙，为原著机警灵敏的对话生色不少。

这样的说法虽然是溢美之词，但它彰显《新月》月刊对译者的重视与译者价值的肯定。

《新月》月刊上这 13 则关于外国文学作品的推介广告，虽然在 41 期杂志中并不显眼，但对这 13 则广告的研究使我们意识到，《新月》月刊在其有限的报刊生命中，竭尽全力地发扬着新月社成员的文艺主张，即使在最具商业气质的广告区域，也彰显其“纯文艺”的本色。

从这 13 则外国文学作品的推介广告中，我们能够看出新月派对待西方文化的基本态度，他们虽然放眼世界，对西方文学艺术有着深入的了解，在译介方面也取得了不小的成绩，但是他们整体上却对中国古典文化有着更清醒的认知。他们的戏剧理念既肯定西方戏剧形式，又没有抛弃中国古典戏剧的审美取向。他们的翻译理念既追求翻译的精确表达，又注重汉语自身的语言特色与表达习惯。这些都体现出新月派对待中西方文化的中和、稳健的态度。

在对待文学艺术的态度上，新月派则力求坚守艺术独立与自觉性，他们在社会问题剧甚嚣尘上的年代，坚持推广轻松幽默的喜剧，在严肃的现实主义文学大行其道的背景下，力推表现基本的人性与真纯情感的作品，即使在翻译过程中，也不遗余力地肯定译者的价值与自由。

图书广告在形式上的零散与它的商业本质使其在文学研究上的价值有些暧昧，新月社成员的文艺思想也存在不小的差异，甚至同一个人在不同时期也存在很大的思想差异，但是也正是基于这些因素，对译著广告的研究才有更丰富的阐释空间。

（本文作者为青岛大学比较文学与世界文学专业研究生）

## 附录：《新月》月刊推介的13部文学译著信息



| 书名 | 作者 | 译者及作序者、校对者 | 译文参考版本 | 初版年 | 定价 |
|---|---|---|---|---|---|
| 《造谣学校》<br>*The School for Scandal* | 〔爱尔兰〕谢立丹<br>Richard Brinsley Sheridan | 伍光建译，梁实秋校并序 | 译者选取牛津大学出版部发行的世界名著丛书本World Classics，梁实秋校对时参考了“The Temple Dramatists”版本 | 1929年 | 实价五角半 |
| 《诡姻缘》<br>*She Stoops to Conquer or The Mistakes of a Nigh* | 〔爱尔兰〕奥利弗·哥德史密斯<br>Oliver Goldsmith | 伍光建译，叶公超校并序 | 暂缺 | 1929年 | 实价五角半 |
| 《可钦佩的克来敦》<br>*The Admirable Crichton* | 〔英〕巴利<br>James Matthew Barrie | 余上沅译，时昭沄校对 | 译文根据1918年版，1928年重印本，后又参考1929年全集本 | 1930年 | 实价八角 |
| 《威尼斯商人》<br>*The Merchant of Wenice* | 〔英〕莎士比亚<br>William Shakes-peare | 顾仲彝译，梁实秋校 | 序中提到“正式版本是1623年印成的”，作者的翻译参考了“好几种新书的版本” | 1930年 | 实价五角 |
| 《若邈久袅新弹词》<br>*Romeo and Juliet* | 〔英〕莎士比亚<br>William Shakes-peare | 邓以蛰译 | 暂缺 | 1928年 | 实价一角二分 |
| 《迷眼的沙子》<br>*La Poudre Aux Yeux* | 〔法〕腊皮虚<br>Eugène Marin Labiche | 赵少侯译 | 暂缺 | 1929年 | 实价五角，后改为四角半 |
| 《玛丽玛丽》<br>*A Charwoman's Daughter* | 〔爱尔兰〕詹姆斯·斯蒂芬斯<br>James Stephens | 徐志摩、沈性仁合译，闻一多画封面 | 暂缺 | 1927年 | 实价六角 |

| | | | | | |
|---|---|---|---|---|---|
| 《少年哥德之创造》<br>*Le premier cercle de Meipe, ou le createur* | 〔法〕莫洛怀<br>Andre Maurois | 陈西滢译并序 | 第四十三版的法文原本，另参阅 Eric Sutton | 1927 年 | 甲种一角半，乙种六角，后改为甲种七角半，乙种六角，第四版六角 |
| 《织工马南传》<br>*Silas Marner* | 〔英〕乔治·艾略特 George Eliot | 梁实秋译并序 | 暂缺 | 1932 年 | 实价八角 |
| 《何侃生与倪珂兰》<br>*Aucassin et Nicolett* | 作者不详，法国中古时期民间文学 | 邢鹏举译，徐志摩校 | Andrew Lang 的译本（Song-Story of Aucassin and Nicolette, 1899），同时参考了 Eugene Mason 的译本 | 1929 年 | 实价五角 |
| 《潘彼得》<br>*Peter Pan and Wendy* | 〔英〕巴利<br>J.M.Barrie | 梁实秋译，叶公超校 | 暂缺 | 1929 年 | 实价一元 |
| 《先知》<br>*The Prophet* | 〔叙利亚〕凯罗·纪伯伦<br>Kahlil Gibran | 谢冰心译 | 纽约可那夫书店（Alfred Kopf）版 | 1931 年 | 甲种一元二角，乙种八角半，后改为精装一元一角，平装八角半 |
| 《阿伯拉与哀绿绮思的情书》<br>*Love Letters of Abelard and Eloise* | 〔法〕彼得·阿伯拉<br>*Pierre Abélard* | 梁实秋译 | 原文为拉丁文，译者根据 1722 年英译本翻译 | 1928 年 | 甲种八角半，乙种六角半 |

注：

① 徐志摩：《新月的态度》，《新月》第一卷第一期，1928 年 3 月 10 日出版。

② 梁实秋：《新月月刊敬告读者》，《新月》第二卷第六、第七号合刊。

③《何侃生与倪珂兰》一书封面为《何侃新与倪珂兰》，书内为《何侃生与倪珂兰》，本文统一为后者。

④梁实秋:《现代文学论》,《梁实秋批评文集》,珠海出版社1998年版,第180页。

⑤徐志摩:《我们看戏看的是什么?》,《晨报副镌》,1923年5月24日。

⑥闻一多:《戏剧的歧途》,《闻一多全集》第2卷,湖北人民出版社1993年版,第148页。

⑦余上沅:《余上沅戏剧论文集》,长江文艺出版社,第150页。

⑧钱玄同:《随感录》,《新青年》5卷1号,1918年7月1日。

⑨梁实秋:《现代中国文学之浪漫的趋势》,黎照编:《鲁迅梁实秋论战实录》,华龄出版社1997年版,第15页。

⑩梁实秋:《序》,《织工马南传》,台湾商务印书馆1966年版,第4页。

## 更　正

本刊2019年第2期《在“东方”亲历的往事》一文第14页配图说明应为“祝君波（左）与杨仁恺（中）、劳继雄（右）在一起”。特此更正并向读者致歉!

书报故人

# 一身璀璨钱君匋

江曾培

艺术大家钱君匋多才多艺，中国传统文人的诗、书、画、印四绝，他样样都精。此外，他在音乐、教育、出版、收藏等诸多领域也有很高造诣，成就卓著，对国家和人民做出了卓越的贡献。他的大名，我早就知道，第一次见面，则是在“黑云压城城欲摧”的年代。20 世纪 70 年代初，我从位于奉贤海边的五七干校“上调”，由于原单位新民晚报社已经停办，我“无枝可栖”，遂被安排到出版系统。当时，上海原来的十几家出版社的编制也都被撤销，合并为一个上海人民出版社，我被分配在文艺编辑室，即原来的上海文艺出版社，业务范围包括早先的上海文化出版社和上海音乐出版社。钱老于 1956 年上海音乐出版社创立时，即任副总编辑，这时他的编制也在文艺编辑室，因而我与他成了同事。不过，钱老那时属“反动学术权威”，不让他做什么“事”；我虽从多年靠边的状态获得了“解放”，一时也并无多少“事”可做，因此，说“同事”，只是袭用一种惯有的说法，实际上，只是同在一个单位的屋檐下而已。记得批“黑线回潮”时，钱老因应人之约写了几幅字，就被指责为“人还在，心不死”，并被勒令交出他在那凄风苦雨的日子里用炽热生命创作的《鲁迅印谱》。

钱老20世纪20年代在开明书店任音乐美术编辑，开始与鲁迅来往。鲁迅称赞他的封面设计有鲜明的风格，请他为自己的译著《十月》等装帧设计，并在家中向钱老展示了珍藏的汉画像拓片，鼓励钱老借鉴上面的图案纹样和人物造型运用到装帧设计上去。受此鼓舞，钱老的封面装

开明书店成立十周年合影（最后排左三为钱君匋）

帧愈臻精美，有“扫荡天下”之势，一时称为“钱封面”。在“文革”受审期间，钱老不顾被批被斗之苦，以两年的时间，起早摸黑，精心刻制了 168 方鲁迅笔名、别号印章，实现了他要把鲁迅所有笔名刻成一部印谱的夙愿。这部《鲁迅印谱》体现了钱老对鲁迅深深的敬与爱，也体现了他对艺术追求的坚韧不拔。然而，这一切又遭到打击与摧残。在被迫交出“印谱”后的几天，他又被叫到出版社来交代。我见他坐在一间小房间里，双目茫然，满脸凄苦，内心该郁积着多深的痛苦呵。随后他还被软禁了一段时间。不过，钱老挚爱艺术的心火，是任何力量也扑灭不掉的。他在被释后，愤而重刻第二套《鲁迅印谱》，进行无声的抗争。笑到最后的终于是钱老。粉碎“四人帮”后，历尽磨难的《鲁迅印谱》得以付型问世，成为我国印圃的一株奇葩。

改革开放以后，我们接触自由了，增多了。每逢春节，我常到钱府上拜年。钱老很勤奋，虽年届耄耋，仍保持黎明即起写字作画的习惯。书房四周挂着多幅名人字画。他酷爱艺术珍品，几十年来节衣缩食，收藏了不少名画、名帖、名印。苏东坡是“宁可食无肉，不可居无竹”，

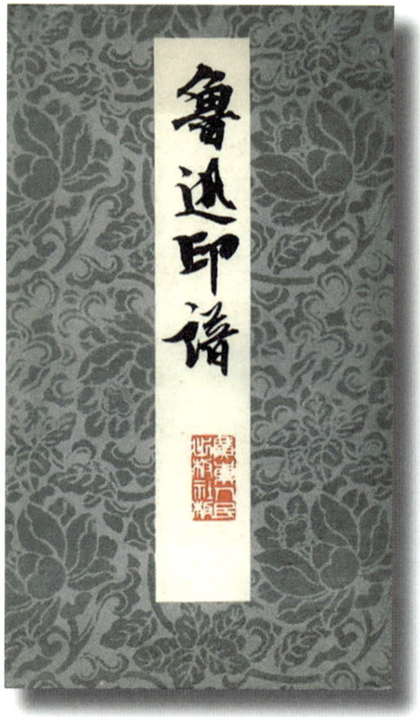


《鲁迅印谱》封面

钱老则是“宁可食无肉，不可居无画”。粗茶淡饭，他甘之如饴；但家里如果没有可供欣赏观摩的艺术品，他就会食不甘味，卧不安枕了。正因为如此，他说“文革”初期，他的收藏品被抄，是“痛彻心扉，欲哭不敢，欲忘未能”。“文革”结束后，被抄文物意外退还，他欣喜若狂。在文物回家的那天晚上，他高兴地痛饮了五斤花雕，称其为有生以来第一快事。是年 1980 年，农历庚申年，他还特意刻了“与君一别十三年”和“君匋庚申重得”一朱一白两方印，用作盖在久别重逢的书画文物上。

钱老仰慕先贤，将自己的书房起名曰“无倦苦斋”。“无”，指“无闷”赵之谦；“倦”，指“倦叟”黄士陵；“苦”，指“苦铁”吴昌硕；三人皆为晚清印坛巨擘。“斋”，在金文中与“齐”相同，钱老有时也称“无倦苦斋”为“无倦苦齐”，以表示对现代艺术大师齐白石的崇敬之意。在这个“无倦苦斋”里，钱老以先贤为榜样，不畏艰“苦”，常年挥毫写字作画，奏刀治印，在艺术上作着不“倦”的追求。一次我去看他，他说这个斋名在“文革”中也横遭批判。罪名是“无倦苦斋”与上海话“无权可抓”谐音，其主人是借此发泄内心的不满。如此深文周纳，使他把一方刀法极佳的印章赶快磨掉，因为上面刻的字是“山家春最好”。试想这五个字按谐音法“硬装斧头柄”，不是可以读作“三家村最好”吗？“三家村”当时是“全党共诛之，全国共诛之”的对象，如此加你一个现行“三反”帽子，恐怕也只得老老实实地戴着了。我说，您防备得对。我在靠边时，就曾被这样“硬装斧头柄”。“文革”前，我写过一篇题为“空孕”的文章，讲一些人看来忙忙碌碌，席不暇暖，然而杂乱无章，少有实效，犹如“空孕”一样。这本是对不良工作作风的批评，“文革”中却被批判为与邓拓的《一个鸡蛋的家当》“穿一条裤子”，是污蔑“三面红旗”，是说大跃进为“空孕”的。邓拓是谁？就是当时“全国共讨之”的“三家村”中的主将。钱老听了，笑着说“那我们真的是同命运了”。我说好在雨过天晴，这一页翻过去了。

黑暗过去，沐浴着新时期拨乱反正、改革开放的阳光，钱老精神焕发，在他的“无倦苦斋”里有了如鱼得水的自在。他全身心致力于国画、书法与篆刻的创作，艺术成就于晚年达到高峰。在国内外多次举办的书画篆刻展览中都获得极大的成功。香港大学醉心于他的艺术，连续两次举办他的作品展，这在该大学是“前无古人”的。同时，“无倦苦斋”的收藏也愈来愈多。钱老的收藏，是和学习、借鉴紧紧连在一起的。学谁的作品，就收藏谁的作品。作品收藏之广，表明他学习的广，吸取众家之长，熔铸了他的简练、奇特、雄厚的艺术风格。其中徐青藤、新罗山人、赵之谦、吴昌硕、黄牧甫等人的作品收藏较多，显示他更多地在学习这些大家。钱老十分珍惜这些藏品，每当取出揣摩观赏，总要事先洗手擦桌，以防污染。1995年，因市政建设需要，他居住的地方要拆迁，钱老服从了大局，但要将那些藏品安全妥善地搬走，并非像搬迁一般家具那样容易。其间，我曾去看过他一次，只见周围邻舍都已搬迁，仅剩下钱老孤零零的一家。钱老忙上忙下，亲自将藏品一一包扎、登记，做得十分仔细、认真。我劝他找些人帮忙，他说这些藏品唯他熟悉，为防止损坏或遗失，只得自己多辛苦一点。那时，他收藏的大部分文物，已于1987年捐赠给家乡桐乡县（今桐乡市），但七八年来，又收藏了一批，尽管数量较先前少些，也让他忙了好长时间。

这后一批的珍藏品，钱老又于1996年再次捐献给他的祖籍海宁市。海宁市与桐乡县，为接纳珍品，分别建立了“钱君匋艺术研究馆”与“君匋艺术院”。两地的开馆仪式，钱老均邀我参加。桐乡县的“君匋艺术院”，坐落在桐乡县梧桐镇上，是座多功能的现代化建筑，可作“珍品收藏之库，艺术研究之宫，讲学传授之院，书画创作之家，展览陈列之馆”。钱老捐献的4083件珍贵文物中，有明、清、近现代名家的绘画、书法、印章以及瓷陶铜玉器。吴昌硕的印章有152方，大大超过了吴昌硕自己创办的西泠印社内的总藏。经正式审定的国家一级珍品有13件之多，在浙江，仅次于省博物馆和天一阁。这些藏品的总价值，当时有人估价6000万元，现在则不知要翻多少番了。

此馆的落成典礼时间为1987年11月10日，桐乡距上海150公里，9日下午一时半，我与赵家璧先生结伴驱车前往，冬日苦短，六时半抵桐乡，已是万家灯火了。顺利找到了县招待所，这里人声鼎沸，气氛热闹，沪、浙、皖以及香港等地的文艺界人士，正纷纷云集，赞扬君匋先生慨然捐献大量文物的爱国爱乡义举。钱老则表示：“生不带来，死不带去。艺术培育了我，我也应该为艺术的发展贡献一点力量。个人保存文物，是难以持久的，所谓‘儿子不卖孙子卖，孙子不卖曾孙卖’，有时还会为此发生许多家庭矛盾乃至争斗。我平生收集、珍护下来的文物，交给这一艺术院保存，使其能长存人间，流传千秋，为子孙后代造福，我感到莫大的宽慰和愉快。”

钱老说的是肺腑之言。20世纪80年代后，已逾古稀之年的钱老不时为病所扰，小他一岁的堂弟钱镜塘溘然长逝，让他滋生了要考虑“后事”的念头，其中最主要的就是如何处理好他一生收藏的几千件文物。按照传统的做法，是将文物传给三个儿子——钱大绪、钱正绪和钱茂绪。可是，三个儿子全都是学理工的，没有一个继承父亲的“艺术”事业。他们难以像保护自己的眼睛一样，保护父亲一生辛勤积累的文物，如此传下去，文物必会外流失散。依靠文物贩子，把文物变成现钱，再把现钱留传给三个儿子，这样虽然为后代留了钱，但文物在自己手上就失散了，这违背了他苦心收藏的初衷。他想最好的办法是将文物捐献给国家，由国家保管，不仅不会失散，还能发挥文物应有的作用。为此，他召开了家庭会议，讲了自己的想法，征求老伴和三个儿子的意见，得到了家人的同意和支持。随后，有几个地方欢迎他的捐献，有的却因为经费问题，一时难以为这些文物专门设立收藏场所，而他的家乡桐乡县则明确表示，可为捐献文物专门安一个“家”，划拨120万元来建造“君匋艺术院”，以充分发挥这些文物的教化与鉴赏作用。钱老听了很高兴，觉得他收藏的文物由此“能长存人间，流传千秋，为子孙后代造福”，这是最理想的归宿。面对“君匋艺术院”的揭幕，他有着“莫大的宽慰和愉快”，那的的确确是他真情的流露。

10日上午10时，“君匋艺术院”正式揭幕，来宾们进入这个占地五千多平方米，设计精巧、环境幽静、景色宜人的艺术院时，莫不交声称赞。在盛赞钱老义举的同时，也称颂桐乡人民建造此院的“卓识远见”。其中一位来自温州的客人说桐乡不比温州富，就造出拥有展览厅、讲堂、研究室、资料室、珍藏库这样的艺术之宫；温州要比桐乡富，不少人却在忙于营造冥府之家，以至境内坟山累累。这使我想到，文明的发展，虽有赖于经济上的富裕，但富裕与文明并非注定会同步发展的。有了钱，是像桐乡人那样，用于文化教育事业，创造一种促进人升华的文化气氛，还是像温州一些人那样挥霍于封建迷信行当,制造一种迫使人沉沦的乌烟瘴气，这确实要看有无“卓识远见”了。回沪后，我即以“桐乡人的卓识远见”为题，写了一篇小文刊发在《人民日报》上，赞扬桐乡人，赞扬钱老。

11年后，1998年5月9日，海宁市的“钱君匋艺术研究馆”揭幕，这是为钱老捐献文物所建立的第二座艺术馆，位于海宁硖石镇的西山山麓，占地六千多平方米，总建筑面积2800平方米。根据地形环境特点、建筑的文化性质和功能要求，采用了中国传统的建筑艺术与国外现代化建筑艺术相结合的设计手法，研究馆在环境上、功能上、建筑构成上、文化品位上都达到了相当高的水平。当时馆内的千余件文物，均系钱老所捐，多为他近十多年收集的藏品，有一个馆集中展出钱老自己创作的篆刻、书法、绘画、书籍装帧的精品。在下午的开馆仪式上，面对各地前来祝贺的嘉宾与硖石镇的大量观众，已是93岁高龄的钱老，再次诚挚地表示了他收藏文物的心愿：不是为了赚钱，而是为了观摩、研究；也不仅是为了个人的研究，而是要物尽其用，让更多的人见识，以造就新人。因此，他希望研究馆能很好地为青少年和美术爱好者提供服务，不要把研究馆办成一把锁，办成一只保险箱，那样意义就不大了。我在会场听着这些富于思想光泽的话语，感到这位在艺术领域集众美于一身的老人，是更美了。此时初夏的夕阳灿烂辉煌，它的光线越过风景秀丽的西山，把站在馆门前讲话的钱老染得一身璀璨。

三个月后，钱老因病住进瑞金医院，我曾前去看望，终因治疗无效，于8月12日驾鹤西去，人们沉痛哀悼他的逝世，为我国当代艺术界失去了一位大师而惋惜痛心。钱老为人真诚，待人温和，我俩二十多年相处成了“忘年交”，他对我多有关照。1986年欣然为我的一本随笔集题签“海上乱弹　钱君匋题”，字形劲秀有力，并加盖了他的印章。

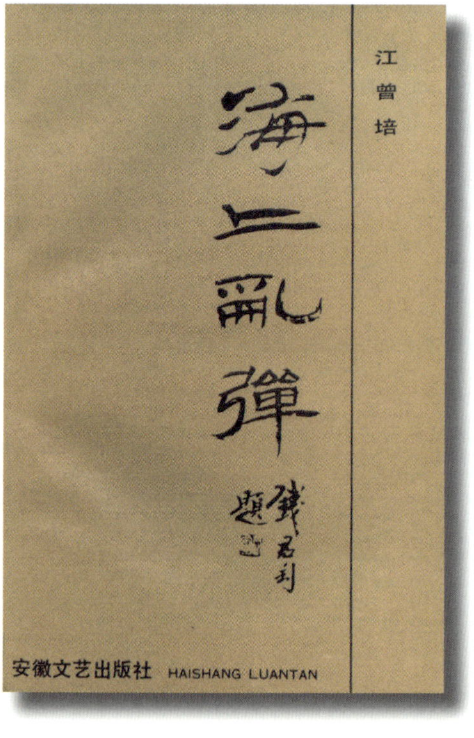


钱君匋为江曾培随笔集《海上乱弹》题签

1987 年，钱老为我与妻子黄影虹治印，一朱一白，刀法淳朴老辣，浑厚飘逸，印的边款上刻有“君匋八十二”字样。

钱君匋为江曾培及黄影虹治印

1988 年 12 月，他书赠一对联予我，“高楼凤必至，沧海龙一吟”，笔触质朴灵动，富有隶书风味。这些，都是我弥足珍贵的纪念品和藏品了。

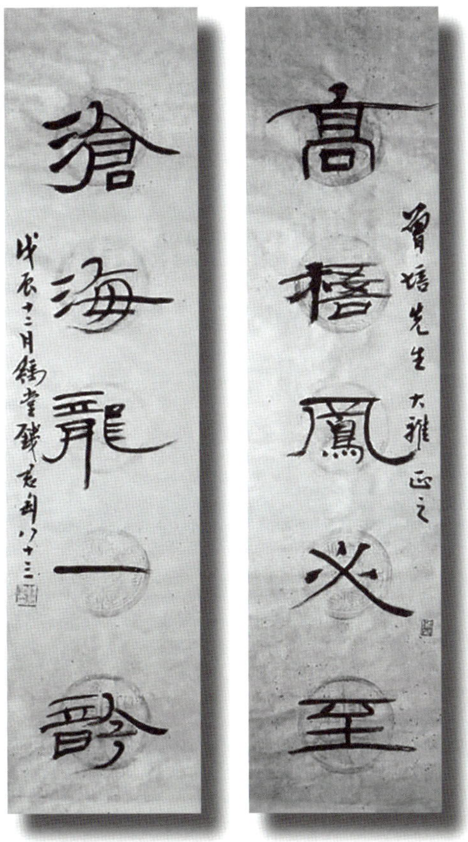


钱君匋赠江曾培对联“高楼凤必至，沧海龙一吟”

（本文作者为原上海文艺出版总社社长）

# 父亲辛笛与出版活动

王圣思

辛笛（1943 年）

父亲辛笛不是职业出版家，但作为一位读书、爱书、买书、写书、编书、出书的人，他与出版物、出版人、出版社等有关出版活动还是有着千丝万缕的联系。

## 投稿报刊和编辑《清华周刊》专栏

如今，出版物包括报纸、期刊、图书、音像制品和电子出版物等，而在父亲青少年时代只有前三种。父亲最早与报纸有所往来还是在插班考入南开中学读初三期间。1928 年 7 月他的第一首白话诗《蛙声》在天津《大公报》副刊发表，看着自己手写的稿子变成了铅字，甭提有多高兴了。以后他不断有短小的诗文发表，得到的稿费每月也有几元至十多元不等，他再也不用为了省钱买书刊，不吃午饭饿肚子了。高中阶段，他翻译的波德莱尔的散文诗、法朗士的警句等，也在《大公报》刊出；英译本的莫泊桑小说《农夫》、迦尔洵的《旗号》，则发表在《国闻周报》上。《大公报》和《国闻周报》的编辑何心冷先生对父亲这样一个中学生的文稿从不忽视，总是给予及时的编排刊载，内中所含的鼓励和支持，使父亲到老都不能忘怀。

那时课余父亲喜欢逛中外文书店、旧书摊，因此对中外文书也就比较熟悉。他听语文老师谈起周作人先生喜欢英国作家格来亨写的《杨柳风》，正好他也读过这本英文版少年读物，是描写四个可爱的小动物之间发生的种种故事。不久父亲在外文书店看到英国作家密伦根据《杨柳风》改编的剧本《癞施堂的癞施》，出于对文学的热爱、成人之美的愿望和对名作家的景仰，他买下这剧本，托老师转交周先生。这段轶事被周作人写在开明书店出版的《看云集》（1932）一文《杨柳风》中：

> 《杨柳风》于一九零八年出版，我得到的是一九二九年本，已是三十一版了，卷首广告密伦的新著剧本《癞施堂的癞施》，注明即是根据《杨柳风》改编的。恰巧天津有一位小朋友知道我爱那《杨柳风》，便买了这本剧本来送我，省得我再花钱去定，使我非常感激。我得到这剧本后又把它从头至尾读完了，这是根据格来亨的，却仍是密伦，所以觉得很有意思。
>
> （八月四日于北平）

文中提到的“天津有一位小朋友”就是在南开读高中的父亲。不久父亲收到周作人赠他的墨迹，条幅上录有日本诗人大沼枕山所作的汉诗：“未甘冷淡作生涯，月榭花台发兴奇。一种风流吾最爱，南朝人物晚唐诗。”收到条幅父亲颇为珍惜，觉得后两句尚佳。遗憾的是条幅在以后的战乱中丢失了。

待父亲考入清华大学后，就不光自己写诗文发表或买书刊，还开始尝试编刊物。在校园里，他与同班好友盛澄华、孙晋三被称为“三剑客”，原本他们想编一本杂志，名为《取火者》，意在像普罗米修斯那样取火给人间带来温暖，但因校内学生组织不同派别轮流掌权，他们的办刊申请未获批准。到四年级的时候，他终于还是过了把编辑的瘾，继盛澄华、李长之之后主持了《清华周刊》文艺专栏。

当时《清华周刊》总编辑是蒋南翔，文艺栏负责人为王馨迪（即辛笛），经理部总经理系唐宝心，社会科学栏负责人为孙兰（韦毓梅），文哲栏负责人为杨德基（杨述），副刊负责人为姚克广（姚依林）等。

父亲在执掌专栏期间花费不少心思，发表了同学章克椮翻译评论

1935年清华大学《清华周刊》全体同人合影。前排左起：孙兰（韦毓梅）、吕若谦、杨德基（杨述）、蒋南翔、唐宝心、王辛笛等，后排左二为姚克广

艾略特的文章《论艾忒特》，同时也发表了同学中创作得比较好的小说、散文和诗歌等作品，即使不是清华的在校生，只要诗文写得好，他也会采纳照发，如当时在清华、北大旁听，后来成为“九叶”女诗人的陈敬容，她的诗歌发表就是一例。

20世纪30年代中期，父亲与弟弟辛谷合出了第一本诗集《珠贝集》

辛笛与女儿王圣思

之后，他出国研读英国文学，在异域课余继续写了一系列现代诗歌，有的寄给了上海戴望舒编办的月刊《新诗》，有的寄给了天津《大公报》。

## 主编《民歌》和担任《中国新诗》编委

1939 年，第二次世界大战爆发前夕，父亲结束了在英国留学生涯回到祖国。此时正是抗战期间，父亲在暨南大学和光华大学任教。太平洋战争爆发，上海沦陷，父亲因家累，无法随学校远行，入父辈友人周作民开办的金城银行任秘书，为避免日伪注意，由此搁笔，不再写作诗文。

抗战胜利后，父亲活跃于文学文化界，与出版界的关系更为密切。他曾是诗歌音乐工作者协会上海分会的负责人，主编《民歌》，担任《中国新诗》编委。

那时上海文坛生机勃勃。一度搁笔的父亲称自己的“银梦在死叶

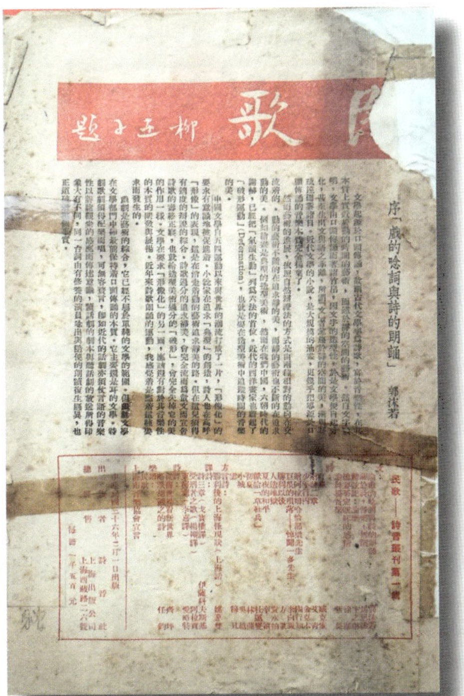


柳亚子题写刊名的《民歌》（1946 年）

上复苏”，他又拿起笔写诗。尽管在金城银行工作，但他“身在曹营心在汉”，工作之余与文学界的联系更为频繁；他同时利用在银行工作的便利，给文学出版活动提供了很多方便。当时诗歌音乐工作者协会上海分会的同仁们因报纸副刊专版篇幅有限，容纳不了较长文章和诗歌，想以诗音社的名义办一个专门的文艺刊物。于是在1946年8月，上海一些诗歌音乐工作者如夏白、李丽莲、袁水拍、徐迟、辛笛以及文字改革家倪海曙等商议创办一份诗刊《民歌》，并请柳亚子题写刊名，由父亲主持办刊事务。

他们取“民歌”这一刊名并不是“采集民间诗歌”的含义，而是意为诗歌和音乐的创作应朝着民歌的方向发展，贴近民众、贴近时代。这是他们办刊的出发点。提供出版资金的任务落到父亲身上，由他出面向金城银行贷款。经过几个月的紧张筹备，这份杂志在1947年2月问世。撰稿人的阵容不小，有郭沫若、艾青、臧克家、卞之琳、马思聪、金克木、王辛笛、袁水拍、徐迟、穆旦、杜运燮、方敬、陶行知、任钧、姚慕双、戈宝权、杨刚等。设置的栏目有文、诗、方言诗、译诗、诗评、乐谱等。《民歌》上发表的诗文有的单论音乐，有的将诗歌与音乐结合起来评述，有表达抗战胜利的喜悦，也有对和平的企望，更有对社会怪现象的展现，显示出它的时代性、批判性、平民化倾向。诗刊的销路很好，印了一千多本，一下子卖光。由于它所流露的“左倾”思想，只出了一期就被国民党当局查封了。

同年7月上海又出现了星群出版社及其刊物《诗创造》，是由臧克家、曹辛之（杭约赫）、林宏、郝天航（鲁风）、沈明等集资创办的，陈敬容、唐湜、唐祈、袁可嘉和父亲都是撰稿人，前三位还义务帮忙做编辑工作。后来杂志兼容并包的办刊方向受到外部指责，内部也发生分歧，于是诗观上更为相近（既关注现实，又注重诗艺）的诗友走到了一起。据唐湜回忆，志同道合的诗友曹辛之、唐湜、陈敬容、唐祈曾在辛笛家聚会，孕育另出一份更具有流派特色的诗刊——《中国新诗》。这五人是编委，原来还有方敬，因他远离上海在重庆而无法参与具体事务作罢。穆旦、杜运燮、郑敏、袁可嘉等西南联大的校友尽管分散在各处，但作为积极撰稿人通过其他途径与辛笛他们联系上了。[①]杜运燮后来回忆：

> 1948年，辛笛、杭约赫、陈敬容、唐祈、唐湜在上海编辑出版《中国新诗》杂志。我当时在新加坡教书，与他们都未见过面，只是由于与穆旦和萧珊的通信联系，略知他们与我对诗的追求有共同或相似的看法，应邀把一些新作寄给萧珊转给辛笛，在《中国新诗》（1948年）发表。从此也与辛笛等结下诗缘。在那之前，在北京大学任教的袁可嘉已于1947年5月在上海《大公报·文艺》、唐湜1947年9月在上海《文艺复兴》杂志、陈敬容1948年4月在上海《诗创造》上发表文章，评论《诗四十首》。诗友们的鼓励也使我感到“同声相应、同气相求”的温暖。[②]

巴金的夫人萧珊与杜运燮、穆旦等都曾是西南联大的同学，正是

《诗创造》

她的牵线搭桥，父亲与杜运燮、穆旦[3]等人也有了诗歌上的交往。而杜运燮在1946年出版了第一本诗集《诗四十首》，是文化生活出版社巴金主编的文学丛刊第八集32册之一，早就受到校友袁可嘉的好评，同时也得到最初并不相识的唐湜、陈敬容的关注和评价。

当时物价飞涨，与出版有关的纸张、印刷、排工等费用一个月要涨几倍，一般一期诗刊印两千份，卖掉后的书款还不够付装订费，经济压力很大。于是父亲又出面向金城银行借支，这成为出版业务的主要经济来源，另外还有少量的广告收入以及父亲的一些资助。他们决定改用森林出版社的名义出版《中国新诗》。其实两块牌子都由曹辛之负责编辑业务。

《中国新诗》第一集《时间与旗》于1948年6月问世，集名选用的是唐祈所写一首长诗的诗名，唐湜执笔写了代序《我们呼唤》。这本诗刊在风格上更有特色，在诗艺上更有追求，创作者们根植于当时中国的现实土壤，追求现实主义和现代主义相结合的诗风。但这样的作品在诗坛引起批判和争论，更为当局所不容，上海星群出版社和森林出版社及其属下的两份刊物《诗创造》和《中国新诗》均在1948年10月被查封，血本无归。

## 曾任“美国文学丛书”编委

1946年5月17日的《新民报》曾刊有一条消息：“美国新闻处与文协会合办中美文化联络站最近成立，由郑振铎主席拟办各项文化建设事业。”编一套系列介绍美国现代文学的丛书就是其中一项计划。这原是时任在华美国新闻处处长费正清的设想，由中方组织翻译，美国提供部分经费。郑振铎是文协会（中华全国文艺界协会）上海分会的负责人，觉得这对加强中美文化交流很有好处。但不久费正清离任回国，此事就搁置下来。至1948年初，在哈佛大学任教的费正清联系到出版这套书的经费资助。

父亲曾经谈起过：

记得是在1946年郑振铎先生找了几个文艺界研究欧美文学的朋友，如黄佐临、钱锺书、赵家璧、冯亦代和我等八九人到他家中吃饭，饭后开了一次小会，他提出当时有一笔钱，由美国方面在上海的一个机构打算拿出来，请大家翻译一些美国文学作品介绍到中国来。他说这笔用来做翻译者的稿费，可以帮助不少穷朋友的忙，要大家酝酿一下，翻译美国哪些作品，和找哪些人来翻译。过了不久又开了第二次会，他找的人更多一些……

会上，也顺便提到要找一家相熟的银行开一个法币支票户，以便分笔支付稿费。这个支票户是个短期临时性质，便于随时结束，因为法币天天在跌价，不能存过长时期，而一般银行如无熟人是不欢迎开这种临时支票户，会徒然增加支付手续，无利可图。那时我在金城银行做事，振铎就找我介绍在该银行开户。我这个编委其实是挂挂名，只参加开过两次会，替编委会办了介绍开户的事，自己既未担任翻译工作，也未参加审稿，至于振铎如何从美方取到款项，是否订有合同，我并不了解。开户时他存入法币多少，我一点印象也没有了，完全回忆不出。开户后，支票是由郑先生自己掌握的，银行只凭他的图章签字即付。因为翻译者都希望多翻译一些，多拿一些稿费，就非要他自己掌握不可，以防发生争多论少，以及预支稿费而延不交稿的情况。有些和我相熟的译者由郑先生处取到支票后，来银行兑取现款，往往来找我办，可以比在柜台外一般客户取款要快一些，要新钞、大钞也方便一些。

最后，中方主持人郑振铎邀请了夏衍、钱锺书、冯亦代、黄佐临、李健吾、张骏祥、辛笛、徐迟、马彦祥、焦菊隐、朱葆光等担任“美国文学丛书”编委。美国新闻处提供翻译这套书的经费，中方挑选、商定翻译美国文学18种，编委会组织人员翻译。确实，父亲没有参与翻译，只做些事务性的工作。郑振铎的出发点比较务实，通过这样的方式既使中美文学得到交流，又可以解决中国进步作家当时的生活问题。

后来经十多位作家的辛勤耕耘努力，“美国文学丛书”终于翻译出来。由郑振铎、冯亦代交给创办晨光出版社的赵家璧，在1949年2月至4月由晨光出版了这18种，“最初用‘美国文学丛书’的名义，后又改称‘晨光世界文学丛书’”[④]，另还收入了苏联作家作品几种。翻译的18种美国作家作品是：卡静著《现代美国文艺思潮》（上下卷），冯亦代译；《爱伦坡故事集》，焦菊隐译；爱伦坡著《海上历险记》，焦菊隐译；马克·吐温著《密士失必河上》（今译《密西西比河上的生活》），毕树棠译；德莱塞著《珍妮小传》（今译《珍妮姑娘》）（上下卷），朱葆光译；派克等著《漂亮女人》（现代美国短篇小说集），罗稷南译；休伍·安德森著《温士堡·俄亥俄》（今译《小城畸人》），吴岩（孙家晋）译；海敏威（今译海明威）著《在我们的时代里》，马彦祥译；海敏威著《没有女人的男人》，马彦祥译；梭罗著《华尔腾》（今译《瓦尔登湖》），徐迟译；蔼根等著《现代美国诗歌》，袁水拍译；惠特曼著《草叶集》，高寒（楚图南）译；《朗费罗诗选》，简企之译；奥尼尔著《悲悼》，荒芜译；勃尔曼著《传记》，石华父（陈麟瑞）译；夏尔乌特著《林肯在依利诺州》，

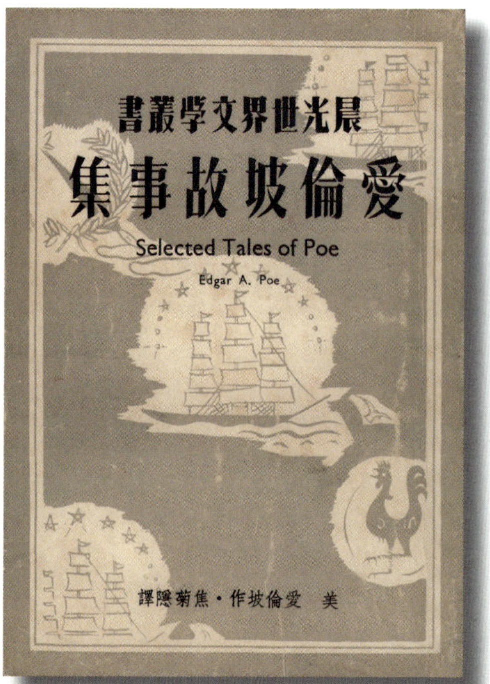


《晨光世界文学丛书·爱伦坡故事集》

袁俊（张骏祥）译；萨洛扬著《人生一世》，洪深译。

这套丛书使当时的读者比较系统地看到美国文学的风貌，涉及面比较广，既有理论思潮介绍，更有长篇小说、短篇小说，诗歌，戏剧等各方面的作品介绍，那些作者也有一定的代表性，新秀和知名作家都有，中国译者也是各有专长的研究者。赵家璧先生后来曾说，“这套丛书，事实上应当写上‘郑振铎主编’五个大字”。遗憾的是这套书在 1949 年后大部分都停版了，直到 20 世纪 80 年代随着新时期到来，有的才重新翻译介绍给读者们，让年轻的读者惊奇地发现原来三十多年前就有如此水平的名著译作。

## 资助民间出版事业

20 世纪 40 年代中后期，父亲除对星群和森林两出版社资助相当于 10 两黄金的现款之外，对文化出版界其他几家出版社也多有资助。

父亲与郑振铎先生的交情是介乎师友之间。早在 20 世纪 30 年代他在清华大学就读期间就听过郑先生“中国文学史”的课，也读过先生编撰的图文并茂的《文学大纲》；1939 年二战爆发前，他从英国进修归来，回到上海，入暨南大学教书，也是郑先生介绍的。抗战期间他俩都留在上海。当时市面上流散不少古籍文物，一些藏家也因时局日益严峻而急于出手各种珍贵的古书版本，郑振铎先生和我外公徐森玉老先生奔走于各家搜集收购，最后将一部分古书藏匿在我家。郑先生为避免引起日寇的注意而改名换姓，新搬家的地方离我们家很近，于是与我父亲更加常相往来。

“文革”中要父亲交代与郑振铎先生的关系，他写了如下文字：

> 郑振铎：他和我很熟，是介乎师友之间的关系。1939 年我从英国读书回上海，我进暨南大学教书，就是由郑振铎介绍去的。抗战期间他和我都留在上海，我在金城银行工作，他为了搞地下工作，改名换姓，住处和我相近，常相往来。抗战胜利后，他在上海办了

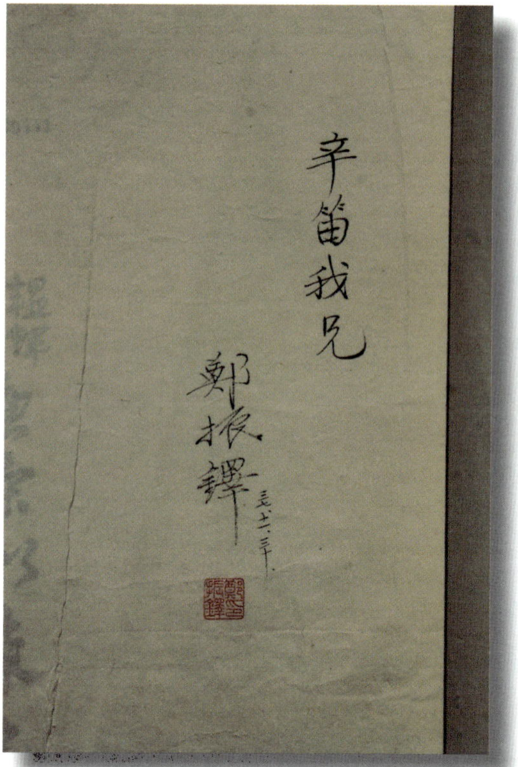


郑振铎赠辛笛书扉页

几个刊物，如《民主》《周报》《文艺复兴》等刊物，以及创办上海出版公司，印行《中国木刻版画》、《鲁迅全集》、方志敏先烈《可爱的中国》遗稿手迹等。我在经济上帮了他一些忙，有时为他向银行借钱，我个人也帮助过他。解放前夕，他由上海去北京，后来在中央担任工作，我因一直在上海，才很少往来。他创办上海出版公司，我投资相当于廿两黄金的现款，一度担任董事。营业亏损。1946 年郑还找上参加开明书店的投资，也买过一点股票，一度担任董事。解放后开明迁往北京，改为中国青年出版社。

关于投资上海出版公司，在“文革”中还有比较详细的交代：

关于投资上海出版公司问题（71.12.24）：

抗战胜利后，大约在 1946 年，郑振铎感觉到找几个熟朋友办一个出版社，可以不再受书店老板的气，在出版发行方面都要方便得多。他先是找我借钱印刷出版他自己编写的书：《中国历史参考图谱》《中国版画史（古代）》等书。不久他和唐弢、柯灵共同主编《周报》《民主》（当时很风行）等刊物，于是就由唐弢找了他的朋友刘哲民（当时开一家小银行），设法找一些人凑集资金，同时郑振铎也找我和李健吾帮他凑款。我先后连借钱带入股，相当于廿两黄金的现款，成立上海出版公司，出版过《文艺复兴》、《鲁迅全集》、方志敏在狱中手稿《可爱的中国》等书。大约董事长先由郑振铎担任，唐弢任常务董事，刘哲民大约也是常董，我和李健吾（教授，戏剧工作者，现在北京中国科学院中国文学研究所任研究员）都是董事。解放初期，刘哲民开的银行倒闭，失业，改在上海出版公司任经理。地址迁至南京路逻陵大楼，职员大约有五六人。唐弢仍任常董，柯灵任编辑。解放后郑振铎因已在北京中央文化部工作，辞去董事长，大约改由刘哲民兼任。我到1951年7月入市财委工作，也辞去董事名义。以往也只是挂名不管事，有时帮他们向银行临时借钱周转而已，每到年终开一次董事会，听听营业亏损情况。营业一直亏本。每出新书，送我一两本。听说1956年刘哲民因合营关系安排在新文艺出版社工作。

家里曾有两套1946年10月版《鲁迅全集》，是否因为父亲资助，出版社送书以表谢意？至于与开明的关系，具体投资款数和买过多少股票不详，不过父亲担任过董事，帮开明向银行借款周转是他力所能及之事。而他到晚年还一直记得40年代常随郑先生到开明书店编辑部相聚，1988年在得知叶圣陶先生仙逝的消息后，写有旧体诗七律《悼叶圣陶老人》，并著有小引：

龙年元日阅报惊悉叶圣老于前一日以九十四高龄在京逝世，不胜伤悼。因忆及远在四十余年前，曾偕郑振铎数度往访于福州路上开明书店编辑部，并承招饮与王伯祥、徐调孚、章锡琛等诸友共酌，席间环顾书城，畅论古今史事，谈笑风生，历历如昨日事，而均已先后作古矣。

忆昔开明小饮时，福州路上雨丝丝。
昂眉评点忠奸史，戟指推敲古拙诗。
朴学如公诚长者，苦吟似我愧先知。
伤心闻道归何遽，敢献生刍奠友师。

1949年底巴金先生以股份制的形式创办平明出版社，靳以先生介绍巴金的弟弟李采臣先生来找父亲投资，父亲出资相当于20两黄金的现款，由此父亲成为平明出版社的股东，也设法在金城银行以个人担保帮出版社开户头，这样可以有资金往来，也可以借款周转。父亲记得当时办出版社要到工商管理部门登记注册，巴金兄弟也就邀他做董事长，但他只是挂名而已，并不管具体事务，友人间平时常以“董事长”称呼作为笑谈。

曾任平明出版社编辑的翻译家兼诗人吴钧陶先生近年口述文章中对该社创建的史实有比较详尽的记录。“据1950年8月上海书业同业公会会员申请表载，巴金、王辛笛、尤淑芬（李健吾夫人）、陆清源、李采臣、汝及人（汝龙）、徐成时七人为董事会成员，巴金为总编辑，李采臣为经理（据李采臣后来回忆，当年给市工商部门有个企业登记备案，巴金提议并经董事会同意，王辛笛为董事长）。”“据说股东有15位，除上面7位外，还有傅雷、章靳以、焦菊隐、陈西禾、朱洗、陈善祥等。”⑤父亲对平明出版社的业务从未过问、也不了解，但他们出书后总会送来一两本赠书，而每年吃年夜饭聚会也会邀请父亲一同参加。父亲对此的记忆仅余这些。

平明出版社编辑部除吴钧陶外，还有九位编辑：陆清源（笔名海岑）、杨之宏（笔名西海）、陈漪、康嗣群、叶麟鎏（笔名鹿金）、郝运、成珏亭、祝庆英、潘勋照。吴钧陶“因想有一个稳定的职业，便在巴金先生和李采臣先生的关心提携下，于1952年春夏间进入平明社任助理编辑，直到公私合营，约有三年半时间”，他觉得“无论是董事、股东还是平明社编职人员和作者、译者，都是与巴金有着信任、亲和的个人关系”，只有他“却是一个例外，他作为热爱巴金的‘粉丝’，融入这个编辑集体中”。[⑥]

到1955年12月公私合营后并入新文艺出版社，平明社仅存在六年。当然，父亲的所谓“董事长”身份也随之结束了，一直到“文革”中被迫要求交代的材料中才让人略知一二。同时，他所有的藏书——无论是在国外购置的、还是在国内买下的或是资助过的几家出版社所赠送的——装满十多个书橱的书，全部被运走，扔在上海一个名叫大场的地方；“文革”结束后，才在厚厚的灰尘堆里拣回一些有着他签名或盖章的中外文书籍。

## 晚年主编《20世纪中国新诗辞典》

20世纪90年代初，汉语大词典出版社邀请父亲出任《20世纪中国新诗辞典》一书主编，其实这是一本新诗鉴赏辞典。父亲不顾自己已是80高龄且身患病痛，还是应允下来。因为他一直希望编一本《我最心爱的诗》，自觉新诗读了几十年，新诗史上有不少好诗始终难以忘怀，很想从纯个人喜好的角度编一本诗选。但这个愿望始终没有实现。此时汉语大词典出版社编辑找上门来，尽管为这本辞典选诗要考虑全面、客观、有代表性等，而且不一定是自己认可的“心爱的诗”，但还是可以部分实现他的愿望。

一如他答应为别人写序必须通读全书稿、并写出属于自己的见解一样，他同样不愿只做个“挂名主编”，敷衍了事、随意发挥不是他的习惯，他承担了全书最主要的部分——大陆诗人诗作的编选，全部选目都是亲力亲为。上海酷暑天，他让我找出家里所有的新诗集，有的是他多年来在书店自己买回的，有的是相识或不相识的诗人送的，他还开出书单，让我到图书馆去借阅家里所缺的诗人诗集。这些诗集装满了整整一个书架。每天给他搬了一大摞诗集放在作客房的北屋大床上，他坐着或站在书桌和大床之间，书桌上放着铅笔和装满小纸条的小盒子，他一本本翻看，一首首阅读，碰到选中的诗篇，就用铅笔打钩，并夹上小纸条，放在书桌上。诗集拿了一批又一批，有时床上的诗集减少了，书桌上则堆成大小书山。他沉浸在诗海中，顾不上汗水顺着脸颊往下淌，汗衫全部湿透好像也无所知，看得忘了时间、忘了吃饭……读到好诗，他啧啧称赞，感叹过了几十年，好诗还是好诗，经受住了时间的考验。有些题材不易入诗但写得成功的，他自叹不如，如绿原、邵燕祥、李瑛、屠岸、白桦、宫玺等一些诗都是他所欣赏的。在阅读他们的诗集时，精彩的句子都被画上了红圈或绿圈——按随手拿到的是红笔或绿墨水笔而定。当把一书架的书全部看完后，他不无遗憾地说：大多数诗写得平平，中国新诗发展近 80 年，好诗还是不算多。在三十多度高温期间，对他这样一位年事已高又有病痛缠身且不宜享受空调的老人来说，如此选篇的工作量实在太大了。对于赏析文章，他也大致要过目审读，对于文字不佳或评析不够到位的，则另请人重写。这本辞典从 1991 年开始编辑，出版则历经 6 年时间，中间因各种因素曾停顿过，终于在 1997 年问世。拿到封面淡雅而透着诗意和勃勃生机的厚书时，父亲还是比较满意的。对他来说，这是工程最大的一次编书。

## 辛笛的作品与出版

父亲在 1948 年上海星群出版社出版了他的代表作诗集《手掌集》，收有他 1936 年与弟弟辛谷合出的《珠贝集》中他的诗作、他在英法等国创作的诗歌，还收入了他 20 世纪 40 年代后期在《大公报》《文艺复兴》等报刊上发表的新作多首。同年，他的书评散文集《夜读书记》在上海出版公司面世。

1949 年后他在工业部门工作，基本上搁笔，只是偶尔写有几首旧体诗和三四首新诗。但在“文革”期间无望发表的年代里，为了排遣心中的郁闷，他悄悄写下不少旧体诗抒发胸臆，成为值得品味的佳作。在局势稍微和缓之际，他与友人钱锺书、戴镏龄等先生有了书信诗作的唱和。

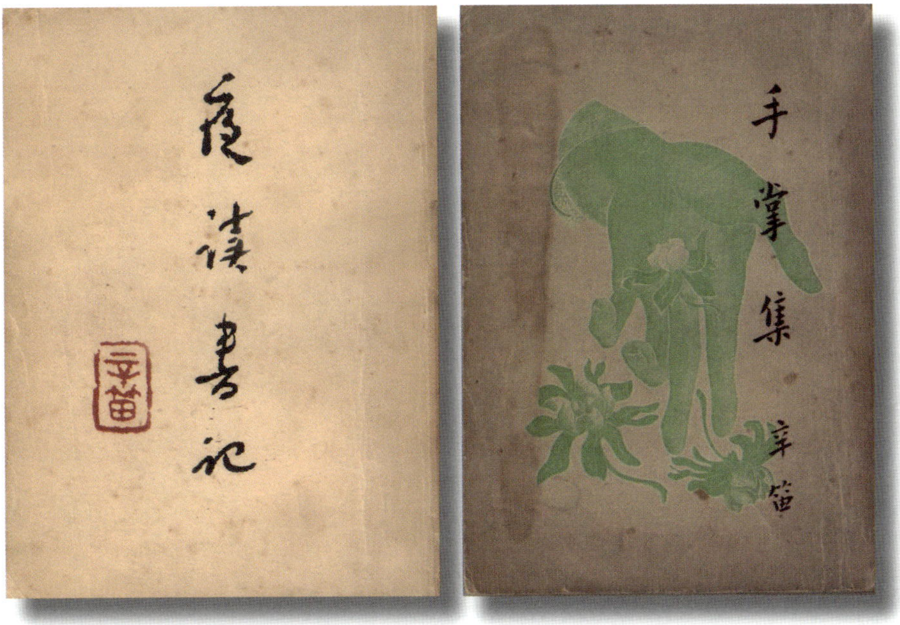


《夜读书记》与《手掌集》书影

到 1981 年他才与当年《中国新诗》的 8 位诗友出版了 40 年代诗合集《九叶集》（江苏人民出版社），1984 年又出版了新作《八叶集》（三联书店香港分店），其中曹辛之因改行书籍装帧设计不再写作而未入诗集。父亲个人在 1983 年出版了《辛笛诗稿》（人民文学出版社），1986 年他将 80 年代创作的诗歌结集为《印象·花束》（上海文艺出版社）。在香港，父亲于 1989 年出版了配有香港摄影家水禾田照片的《王辛笛诗集》（香港专业出版社），2002 年出版旧体诗集《听水吟集》（香港翰墨轩出版公司）及中英文对照《王辛笛短诗选》（香港银河出版社）。《手掌集》则被再三重版，如 1988 年上海书店影印版、1989 年台湾大雁书店版加导读和附录、1996 年浙江文艺出版社版加附录。

除 1998 年加“夜读续记”重印的 1949 年前的书评散文集《夜读书记》（陕西师范大学出版社）外，父亲先后于 1998 年和 2003 年出版了《嫏嬛偶拾》（上海教育出版社）与《梦馀随笔》（凤凰出版社）。他还应约校对了老友杜南星和我母亲徐文绮合译的狄更斯长篇小说《尼古拉斯·尼克尔贝》（上海译文出版社），其时母亲在北屋小桌旁伏案作译笔修改，父亲在迎窗大书桌前站着校对，成为家里最温馨的一幕。加上他主编的《20世纪中国新诗辞典》，所有这些构成他一生创作和编著的结晶。

父亲辛笛不是一位多产作家，他曾在1947年12月所写的《手掌集》后记中提到：

> 奥登（W. Auden）在一九四五年出版的诗集冠有小序。他说：在每一个作者的眼光中，自己过去的作品大抵分为四类。类一，是不堪卒读的东西——他一直后悔着何以写了出来。类二，一些很好的意思——他所引为最痛苦的——总是由于才华短拙或率尔操觚而糟蹋了，没能写到好处。类三，一些自认为尚看得过的篇什，但缺乏重要性。任何集子无可避免地必以三者为主。因为，第四类果然才是他自己真诚激赏的诗歌，但若即以为限，结集成书，那么他的集子可就薄得太令人气短了。
>
> 我很喜欢奥登这一段简洁完全的文字，虽然写来平易，创作的甘苦却给他轻轻道破。我写了这些年的新诗，纵说是百分之九十九的时间都用在于诗歌全不相干的研究和工作上，写存的诗原本不多，更禁不住拣选，而论起品质来——倘果有何品质可言，却大体属于奥登所列举的前三类的东西。加上从一九三六年的《珠贝集》中摘下的部分，也还只有如此小小的一本。除了惭愧，我竟是一无可说。谨在此感谢每一个读者，他将是我的最适当的批判人。

应该说父亲是有自知之明的，确实也有一些率尔操觚之作，但他的诗文大多还是经得起时间的检验而留存了下来，因而被台湾诗人兼评论家痖弦认为“辛笛的诗是20世纪20年代到40年代中国纯正诗流一贯发展的代表”。

不是专业出版人的父亲因为爱书一生，始终与出版事业有着丝丝缕缕的关联。所以他健在时为自己选择的墓碑也是一本翻开的书，我想，能在心爱的书碑下长眠，他是心满意足了。

辛笛夫妇墓碑

（本文作者为辛笛之女）

注：

① 在1981年江苏人民出版社出版了《九叶集》，系辛笛、陈敬容、杜运燮、杭约赫、郑敏、唐祈、唐湜、袁可嘉、穆旦“四十年代九人诗选”，后被称为“九叶”诗派或“中国新诗”派、“四十年代现代诗”派等。

② 杜运燮《海城路上的求索》，中国文学出版社，1998。

③ 前述《民歌》上列有穆旦和杜运燮的诗作，也可见一斑。1959年父亲与穆旦仍偶有联系，估计也是受巴金先生和蕴珍夫人（萧珊）之托，到天津去看望穆旦，见1959年1月2日穆旦日记：“意外地，王辛笛到办公室找我，晚上便去成都道桂林路口84号看他，相谈颇畅，从他得知巴先生及蕴珍近况。我将自己的近况也约略告诉了他。”

④ 赵家璧《生平自传》，收入《赵家璧先生纪念集》，上海文艺出版社，1998。

⑤ 吴钧陶口述（韦泱访谈整理）《吴钧陶先生谈“平明社”同仁》，刊《新闻出版博物馆》2019年第一期（总34期），学林出版社。

⑥ 同上。

# 记住他们的名字

## —— 整理“老三联”烈士和殉职、殉难者名单有感

徐　虹

2015年，在“老三联”人、“老三联”后人与“三联”在岗新人成功的互动合作下，三联书店后人回忆前辈的书《爱书的前辈们》和《书韵流长》在纪念韬奋先生诞辰120周年之际，分别由北京三联书店和上海三联书店出版。这两本书从多个侧面补充、丰富和勾勒了集结在韬奋先生爱国、抗战、民主旗帜下三联书店前辈们的群像。书后附录了三联书店的烈士和殉职、殉难前辈名单。这份名单由我在原有史料基础上，进一步收集整理、核实补充而成，并首次附录了他们的简要事迹。今年又再次整理补充，并配上照片。以期不断完善相关资料，表达我们后人对老三联书店早期逝世前辈的无比崇敬和深切缅怀。

整理名单的缘起，是当初为完成关于外公徐伯昕的稿约，接触到书店早年去世前辈们的一些资料，但史料较少，且相对分散，有些前辈的史料并不在三联书店已有的出版物中。我感动之余，很想更多地了解他们，了解他们去世的原因，挖掘他们的生平事迹，甚至想看看他们的面容笑貌。现有资料中大多没有照片，有的就没有留下照片。我得到一本《三联书店同仁通讯录》,在去世人员名单中,看到一个熟悉的名字——读书出版社的前辈王兰芬，她的名字在回忆和纪念韬奋先生的文章中不止一次出现，她是当年受组织安排，冒险秘密护送韬奋先生安全到达苏北解放区的两位书店工作人员之一，但《通讯录》中仅有她参加读书出版社的年月和生卒时间记载。算算她去世时只有24岁，一个如花的年龄！如今在她这个芳龄的女孩，有的读书，或工作、恋爱、旅行，承欢

于父母膝前……而她后来的去向在我接触到的资料中没有任何记录。恰逢要出版后人回忆录，我和主编晓蓉学姐一拍即合，这使得编写一份相对集中反映早期去世前辈史料的想法成为现实。

核实、编写这份名单的过程中，书店前辈们殉国殉职的事迹深深叩击着我的心，我有四个没有想到。

第一，没想到老三联书店竟有四位被国家追认的著名烈士！他们生得伟大，死得壮烈。

邹韬奋（1895–1944），原名恩润，生于福建永安。生活书店的主要创始人，中国近现代著名记者、政论家、出版家，文化抗战的旗手，史上著名的“七君子”之一。因积极主张和宣传抗日，坚决反对妥协投降和专制独裁，遭日寇和国民党当局通缉追捕，生前六次流亡，依然以笔为枪抨击黑暗、呐喊救亡，他的著作和檄文影响了一代人。因患耳癌1944年7月24日病逝于上海，终年49岁。先生逝世后，为不被日伪发现，战友们用假名“季晋卿”，秘密举行大殓仪式，灵柩只能寄存殡仪馆。直到抗战胜利后，在韬奋先生逝世两周年前夕，才得以真名葬于上海虹桥公墓，后迁灵于上海龙华烈士陵园。在国家公祭日公布的首批300位国家级著名抗日英烈名录中，邹韬奋是唯一一位新闻出版界人士。

杜重远（1898–1944），名乾学，吉林公主岭人。自1932年起在韬奋主持的《生活》周刊上发表多篇揭露日军罪行、宣传抗日的文章。曾任生活书店理事、《新生》杂志主编，因“新生事件”名闻中外，由于他和张学良的特殊关系，为推动抗日民族统一战线做出重大贡献。1944年在新疆被反动军阀盛世才酷刑杀害后，毁尸灭迹，至今找不到遗骨，只有英魂安葬于上海万国公墓名人墓地，终年46岁。

李公朴（1902–1946），江苏武进人，读书生活出版社主要创始人，中国民主同盟的早期领导人，著名的“民主斗士”，“七君子”之一。1937年7月，国民政府迫于国内外各方人士的强烈抗议和谴责，迫于全国抗日救亡运动的巨大声势，释放了“七君子”。公朴先生获释后，游走敌后，著书并宣讲抗战，反对独裁，曾创办北门出版社。1946年7月11日，于昆明倒在特务暗杀的枪口下，为和平民主流尽了最后一滴血，

四位被国家追认的著名烈士：邹韬奋（左上）、杜重远（右上）、李公朴（左下）、朱枫（右下）

时年 44 岁，现安葬于上海龙华烈士陵园。

朱枫（1904–1950），女，原名朱湛之，浙江镇海人。1938 年加入新知书店，两次变卖家产，包括母亲留下的一枚三克拉钻戒，"毁家纾难"，资助书店在艰难中发展。1949 年底被派往台北执行秘密任务，遭叛徒出卖被捕。1950 年 6 月在台北马场町与吴石将军同时遇难，身中七弹，壮烈牺牲。60年后，在两岸热心友人的协助下，经过曲折的寻找，她的遗骨在台北六张犁公墓找到。2011年7月，跨越60年的漫漫归家路，烈士遗骸经台北到北京，在八宝山革命公墓举行交接仪式后，安葬于家乡宁波镇海九龙湖烈士陵园。

第二，没想到有那么多“老三联”前辈为理想和事业献出了生命。

在这份名单中，收入了1953年前牺牲和殉职的前辈38位。经核实，补充了一批名不见经传的青年，比以往三联书店出版物公布的名单明确和增加了20位。经过史料的反复核实，并联系烈士家乡政府有关部门、烈士纪念馆及部分亲属进行了查证，名单中含早已明确的4位国家级知名烈士，还有正式评定烈士身份的20位，占名单的一半以上；殉难没有烈士身份或未能查明烈士身份的6位；因公和积劳成疾，以身殉职的8位 。他们有的在日军对重庆的大轰炸中，为保护书店遇难；有的在书店遭封时被捕，狱中为保护书店和同仁受尽折磨坚贞不屈，不幸病故；有的在重庆歌乐山刑场献身；有的在抗日战场上流尽最后一滴鲜血；这份名单肯定是不完整的，1949年前逝世的“老三联”前辈，就我目前所知至少还有11位，由于史料中可供查找的线索太少，无法查明去世原因，未能收入名单，已查到其中有两位是共产党员。非常希望能得到更多线索，继续补充、完善，以便从这一侧面，展现老三联前辈“满门忠烈”的群体风貌。可能有史以来，没有哪一家出版社为抗战和进步文化事业奉献了如此之多的生命，这是三联书店的光荣和骄傲！

第三，没想到老三联书店的殉难、殉职者们那么年轻，那么有才华。

除了四位国家级知名烈士正值壮年，他们的事迹和才华已为世人熟知，这份名单中不知名的前辈们，绝大多数20岁出头，31岁以下的有28位，另有4位年龄未知。名单中6位40岁以上的计算在内，他们离世时平均年龄29.5岁，6位40岁以上的不计算在内，平均年龄不到26岁，其中26岁以下的17位，年龄最小的为20岁。他们的生命像流星般短暂，却灿烂壮丽，令人动容。在编写这份名单的过程中，我常常抑制不住泪水潸然而下——多么年轻的生命啊！他们个人本该有美好的生活和光明的事业前景，而他们却毫不犹豫地将生命献给了危难中的祖国，献给了进步的文化出版事业！生活书店的前辈冯景耀，牺牲时年仅22岁，生前是生活书店的骨干，翻阅他在生活书店《店务通讯》中两年间发表的7篇文章，我惊叹它们出自一位22岁的青年之手，我惊叹他既有青春活力又沉稳老练的文风，惊叹文中所展现的写作才华和思考力，惊叹他对韬奋先生服务精神的深刻理解。他说，“不愿浑浑噩噩过日子”，要“负起神圣的使命”，“要做一个文化战斗员”！他最终在刀枪拼杀的抗日战场殉国。版画家黄荣灿前辈，被杀害时32岁。他力主创办三联书店台北分店，并担任社长。他的木刻作品被日本神奈川县立近代美术馆、澳大利亚国家艺术馆、大英博物馆、美国汉密尔顿科尔盖特大学艺术馆及中国台湾美术馆等许多国家和地区收藏。这样一位有理想、有成就的优秀青年版画家，被蒋介石钦定为死刑犯。由于海峡两岸的隔绝，很长一段时间国人不了解他，书店同仁甚至误解了他。三联书店同仁名录里没有他，这次将他收进了三联书店殉难者名单，这位沉冤的艺术家终于归队回家了！黄荣灿前辈刑前留下一张现场照片，挟持他

《海峡两岸的记忆——中国新兴木刻运动先行者黄荣灿》(2013年10月出版)

1947年1月黄荣灿（右一）、新中国剧社的许秉铎（右二）及曹健飞夫妇在台北中山堂门口合影

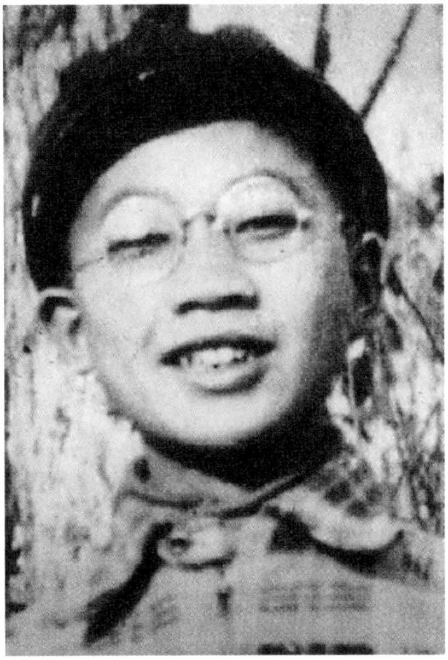

殷益文

吴渊

的刽子手，肩章上“宪兵”二字清晰可见，他年轻的面容显露出无尽的悲愤和遗憾。我想他是死不瞑目的！

2016 年 5 月，我和孩子去台湾旅行，特意到他在台北的墓地祭奠。那天下着小雨，为方便寻找，我叫了一辆出租车，车开了不短的时间到达一座山脚下，在两位老者的指点下，我们沿山路而上，好不容易在一处山坡洼地的墓群中，一个个地辨认姓名，寻找到这位没有烈士名号、但在我心中已然是烈士的一方小小的墓碑。“六张犁”政治受难人第一现场这座墓碑下的三联书店前辈，已长眠台湾 64 年，没有组建家庭，没有后人，默默无闻多年，他那幅著名的代表作——版画《恐怖的检查》，50 年后才以真名在台湾展出。今天，我终于带着三联后人的敬意，在他的碑前深深三鞠躬，为他献上一束圣洁的鲜花。

像黄荣灿前辈这样的逝者，并不是唯一，名单中 20 岁出头的前辈，不少没有组织家庭，更谈不上有后代，他们的人生踏上旅程还没有展开，就为追求理想献出了宝贵的生命。烈士王福和是家中最小的孩子，牺牲时不满 22 岁，“老三联”人多年来珍藏着他的照片，一直未寻找到他的家人，而他的家人也经历三代寻找，75 年后才得知他早在 1943 年已牺牲。这份名单有一个遗憾，出版“老三联”后人回忆录时，未及附上前辈们的照片（有的至今也没能找到遗照）。那一张张年轻的面庞，让我过目难忘，烈士殷益文牺牲时22岁，我闭上眼睛，他那动人的、一脸纯真灿烂的笑容，就仿佛在星空闪烁。我想，在战火和迫害下幸存的书店前辈们，有我们这些后代写文为念，而那些没有留下后人的前辈，我们更应该记住他们。

第四，没想到我们的“老三联”前辈中还有一批无名烈士。

他们本该是烈士的。名单中六位没有烈士身份或未能查明烈士身份的前辈，有的在战斗中捐躯，有的在狱中就义，有的为运输书店物资被枪杀。非常遗憾，由于年代久远，尽管费了许多周折，仍然没能核实。为查证一位在战斗中牺牲的云南籍前辈的烈士身份，我联系上另一位前辈，当地民政部门也乐意提供帮助，但具体原籍不明，书店资料中也找不到记载，我查遍民政部公布的云南16个城市129个区县的烈士名单，每个县市一个个点开网页寻找，期待着能看到他的名字，没有，没有，还是没有……最终只得放弃。或许原先关于他籍贯的记载有误？这次又查遍所有省份的英烈名单，希望能看到他的名字，还是没有，他应该是烈士啊！前面提到的前辈冯景耀，他在书店遭当局迫害被迫疏散时，转入战斗部队后牺牲，对他如何牺牲有不同的回忆。为查证他牺牲的原因和烈士身份，我联系了东莞东江游击纵队纪念馆研究部，反复了几次，答复查无此人，所幸我在史料中了解到，他有另一姓名冯克，才在战斗序列表中查清他生前所在的部队和职务，但不在烈士名单中；又联系他家乡的鹤山市委档案局党史办和民政部门，当地的烈士名单中也没有他，两个姓名都没有，几十年来他一直活在东江游击纵队的战斗序列中，我也一直没有去更正调查结果，真希望这位年轻先躯的身影，永远行进在战斗的序列里，活在他为之流血牺牲的事业中；为查清新知书店吴渊烈士去世原因，辗转找到前辈家乡、烈士陵园退休的老园长；为确认有位烈士是同一个人，查到照片请老人辨认，又查找到原籍地浙江省新四军研究会，提供了证实资料。我在这里介绍查找过程，一方面想说明，我多么希望能以此告慰这些前辈的在天之灵，而查证并不顺利，难免错误

王兰芬

诸克

和疏漏，请在天堂的前辈英灵原谅，也请健在的前辈和知情的朋友们谅解和指正。但更多的是想说，我们的前辈早年离家，为保护组织、家人和自身安全，有许多用了化名。战乱年代或许不能和家人联系，或许为保密不能暴露真实身份，家乡亲人根本不清楚他们在哪里，在外做什么，因此家属无法申报烈士，1949年后按失踪处理是很有可能的；作为组织，也由于申报烈士的手续繁杂，如需要两个以上的证明人等原因，这些前辈本应是烈士，却不能有烈士的称号，在家乡只能做失踪人员，家人不能享有烈属待遇。在我心中，他们是无称号的烈士，有姓名的无名英雄。

名单中还收入了一些殉职的前辈，他们也应该是三联书店英模群像中杰出代表的一部分。前面提到读书出版社的前辈王兰芬，仅有加入出版社和生卒时间的记载。我沿着仅有的一点线索（她在新四军工作过），想起我的一位战友曾在新四军研究会，经他介绍，找到一位老同志，得知有一套内部资料。那里面能否找到一些线索？那是三十多年前江苏省新四军研究会（印刷印钞组）编印的一套回忆录。于是，我上网查找，在收到的资料中，有篇回忆另一位烈士的文章，简单提到她已故。我继续在网上把这套一共8本的书一一找齐，终于意外看到一篇回忆她的文章。她在苏北根据地遭受日伪疯狂扫荡时，没有接受组织让她回上海老家避险的善意安排，为工作继续往来于随时有生命危险的敌占区与根据地之间，最终被疾病夺去生命。我整理的这1份名单之所以没有局限于烈士前辈，同时收入了部分殉职的前辈，是因为他们同样可歌可泣，同样为三联书店的店史增辉。感谢写这篇回忆的老人，他曾工作于生活书店，又与王兰芬同在新四军大众书店工作过。没有老人提供的这套书的线索，这份名单中会少两位前辈，一位生活书店的前辈诸克，经核实后是烈士；一位是因病殉职的王兰芬前辈，而她原本可以按组织安排，回到上海老家，避开险境，偏安一隅，度过她美好的年华。我把这个发现告知韬奋先生的女儿嘉骊阿姨，她十分兴奋地说，一直以来她就想知道王兰芬的下落，现在终于有结果了。

名单中这批前辈们的事迹，从一个侧面反映了在韬奋先生爱国、抗战、民主的旗帜下，集结和激励了一代优秀出版人。以生活书店早逝的23位前辈为例，多是公开招考入店的年轻练习生，有的加入书店时年仅十四五岁，在书店“竭诚为读者服务”宗旨的指导下，在韬奋先生倡导的为大众服务的核心价值观滋养培育下，这些名不见经传的年轻前辈，成长为时代需要的人才、生活书店遍布全国56家分店的骨干，他们大多是分店的经理。“生活精神”凝聚着他们的热血，铸造了他们年轻的灵魂。他们用青春和生命诠释了理想和追求，为我们留下了宝贵的精神遗产。

而我们只能整理一份名单献给他们，谨此表达敬意于万一，但他们的名字不会被忘记！

让我们向为理想捐躯的“三联”前辈致以最崇高的敬意！

（三联书店英烈详细名单和事迹简介见《书韵流长》上海三联书店2015年11月版、《爱书的前辈们》北京三联书店2015年版附录。借此感谢所有为编写“名单”提供帮助的人们。）

（本文作者为徐伯昕外孙女）

# 父亲和诗

黄燕生

光阴荏苒，父亲黄洛峰离开我们已近四十年，但他在我们心中的形象不仅没有磨灭，反而随着年龄的增长、阅历的丰富更加清晰起来。

父亲不仅是一个历经磨难的革命者，一个普及先进文化的出版家，一个严慈并行的父亲，还是一个爱好广泛、多才多艺的文化人。他自幼研习书法，我外公孙百英的墓碑就是他书写的；他善音律，爱唱歌，音准很好；他还会吹箫，家里珍藏着一对玉屏竹箫，是驰名全国的贵州特产，号称箫中珍品，曾随着他走过大江南北。在体育方面父亲也有特色，中学时踢足球左边锋。而我们印象最深的是，父亲记忆力特别好，能背诵很多古今文人墨客、政治家的诗文，父亲自己也喜欢写诗填词，以明心志。近观父亲的手迹，阅读父亲的诗作，追寻他的心路历程，使我加深了对父亲的理解。

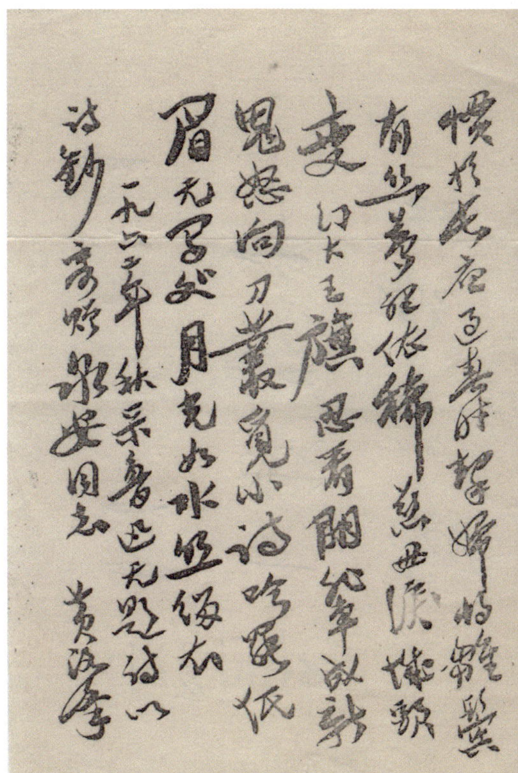

惯于长夜过春时挈妇将雏鬓有丝梦里依稀慈母泪城头变幻大王旗忍看朋辈成新鬼怒向刀丛觅小诗吟罢低眉无写处月光如水照缁衣

一九六二年秋录鲁迅先生诗以

黄洛峰

黄洛峰手迹（1962 年秋）

# 一

我看到的父亲最早的诗，是1926年他在昆明求学时所作的《古风·往事》。开篇几句如下：

远游负笈夙所志，男儿驰骋须四方。
壬戌轻装忆结伴，春风送我离故乡。

父亲的老家在云南省鹤庆县，地处滇西横断山脉中的高原谷地，远离昆明，那时候只有一条马帮踩出来的土路通往省城。黄家家境中等偏下，父亲一心向学，1922年，年仅13岁，便孤身一人，踌躇满志地跟着素不相识的马帮上路了。这一路走了二十多天。当时的他应该没有想到自己走的是一条充满荆棘的艰辛之路，但他坚定勇敢地走下去，走过一生。

父亲一生中曾经两次入狱，第一次是1931年在日本留学时被东京警察局怀疑进行政治宣传活动而拘捕，因没抓到真凭实据关押一月后释放。第二次是1932年春在上海，父亲身为"上海民众反日救国联合会"的秘书长，去下属"上海妇女反日救国会"检查"三八"妇女节活动的准备工作时被英租界巡捕房巡警逮捕，关在提篮桥监狱。党组织通过聘请律师等方法进行营救，父亲在关押一年半后获释出狱。

在此之前，父亲已经经历了和革命战友的生离死别。1930年前后，云南境内"白色恐怖"笼罩，党组织遭到严重破坏，大批革命志士被捕牺牲，献出了宝贵的生命。父亲的上级、战友、革命的引路人王德三、李国柱、吴澄、赵琴仙等先后英勇就义。父亲因受组织委派去上海联系成立云南书报社上海分支机构事宜，躲过一劫。1979年秋，父亲从北京回到阔别数十载的故乡，专程去昆明黑龙潭扫墓，祭拜牺牲的战友。父亲站在烈士墓前，回想起当年的血雨腥风，战友的音容笑貌，不禁心潮澎湃，当即口占一首云：

红霞初露复又暗，地冻山崩难明天。

中原虎变恶称霸，南滇魔爪黑煞鞭。
志士就义屠刀下，烈女青山饮弹眠。
鲜花一束献故友，九泉含笑换人间。
——《悼王德三、李国柱、吴澄、赵琴仙四烈士》

自己被捕，战友牺牲，朋友离去，这些丝毫不能动摇父亲革命到底的誓言。1937 年 8 月，淞沪战争爆发，父亲带领读书生活出版社的部分员工转移到武汉，1938 年转赴重庆。好友张子斋伯伯在父亲率员入川时曾赠诗一首，诗中可以看出他们献身革命的决心和坚信事业一定成功的信心：

神州到处起烽烟，旧雨飘零后会艰。
万种穷愁磨硬骨，数挑书卷压双肩。
流离不定情何限，憎爱分明路未偏。
火不燎原心不死，敢攀蜀道上青天。
——《送洛峰入蜀　三八年十月作于汉口》

整个抗日战争时期包括解放战争时期，父亲在上海、武汉、重庆、香港、桂林等地往返奔波，在中共长江局（后为南方局）周恩来、叶剑英、董必武等同志的直接领导下，为宣传马克思主义、为革命出版事业、为统战工作奉献了自己全部的力量。

1941 年初，震惊中外的“皖南事变”爆发，随之而来的是读书出版社和其他在国统区的进步书店被一一查封。父亲愤怒地写道：

江南血战，巫峡妖氛漫。踏破娄山云一片，风雨声声磨剑。
乌江无语东流，怒涛千载悠悠。重整旗鼓去也，会看星火神州。
《清平乐 ·磨剑》

在“九一八”事变十周年的时候，父亲在香港激愤地写了一首《临江仙》，恨不能亲自持枪上战场打击侵略者：

> 烽火辽沈还故国，义旗大众高擎。浦江反日志成城。如今鏖战急，南北凯歌声。
>
> 倏忽十年思往事，蹉跎岁月堪惊。自笑因何不胜情，欲学万人敌，九龙看天明。

数年后，父亲修改了原作，重新抄录：

> 辽沈烽火投笔行，沪滨多少往事，提篮桥畔梦犹新。两年巴山雨，九龙看天明。
>
> 三十三年如一梦，岁月蹉跎堪惊。自问因何不胜情？欲学万人敌，琅琅起五更。
>
> （卅五年旧历除夕录旧作 黄洛峰于重庆）

寥寥十行诗句，回忆了"九一八"后投身抗战的曲折经历。他已经做了很多，却认为自己没能为党为人民做更多的事情，"蹉跎"了岁月，激励自己继续奋斗。从中可以看出父亲的奉献精神和严于律己的崇高品格。

著名的爱国民主人士邹韬奋先生是生活书店的创始人、父亲十分敬重的革命前辈。他们一起出版普及科学知识、宣传抗日的书籍，开展爱国救亡运动，建立了深厚的友谊，二人的关系亦师亦友。1944 年韬奋先生不幸因病去世，父亲心情十分沉痛，参加了重庆邹韬奋追悼大会的筹备工作，为防止特务的破坏，他布置生活、读书、新知三家出版社的员工分别保护参会的重要人士，并挥毫写下悼念先生的挽联，歌颂先生的爱国情怀：

> 唤起救亡，拘上海，囚苏州，为民族解放，留得精神千古在。
>
> 笔炳春秋，走百粤，入涯海，怀三户亡秦，长昭壮志薄海悲。

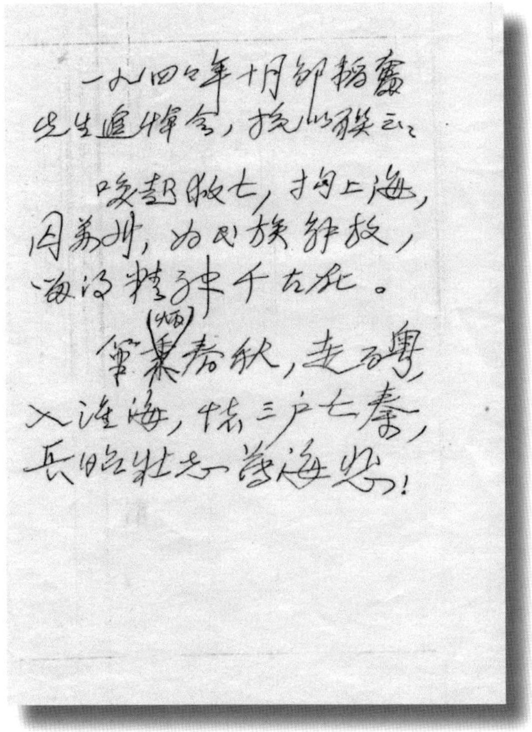

悼念韬奋挽联（1944 年 10 月）

伟大的爱国主义战士李公朴先生，是读书生活出版社的创始人，父亲对他十分敬重。“七君子事件”后读书生活出版社面临瘫痪，收到艾思奇、郑易里的邀请函，父亲毅然决然放弃稳定的工作，接受先生和朋友的重托，来到上海，加入读书生活出版社这个大家庭中，主持出版工作。几个老友同心戮力，使出版社浴火重生，先后出版了首部《资本论》中文全译本，还有《大众哲学》《马克思传》等一批对近代中国产生深远影响的书籍。十几年的交往，父亲和公朴先生结下了深厚的情谊。

最近，公朴先生的爱女张国男因写文章翻看公朴先生的日记，发现 1937 年 5 月 28 日星期五的日记写道：“早十时半艾思奇先生与出版社黄先生（黄洛峰）来所畅谈，午饭时出去吃饭，饭后又进所继续谈，五时半离所。”国男大姐说：“这是我父亲几个阶段全部日记中和人交谈最长的一次，几乎一整天。”“所”是关押“七君子”中六君子的苏州看守所（史良关在另一处）。父亲和艾思奇不顾个人安危，一起探望狱中的李公朴先生，一谈就是一天，可见他们志同道合，友谊深厚。

父亲珍藏着一幅公朴先生的岳父张小廛先生笔绘的红梅图，并于1961年在《诗刊》发表诗一首《题红梅图》，题记云："张小廛先生为亡友李公朴先生之岳父，一九五〇年寄赐红梅一幅。公朴殉难忽忽十五年，先生亦已作古。近展是图，感成一绝。"

独傲冰霜吐芳馥，一枝欲活道不孤。
红霞劫后夺春色，疑是血痕入画图。

20世纪70年代中，父亲曾将"红梅图"展示给我看，并告诉我，此诗是悼念公朴先生的，诗中的"疑是血痕入画图"，指的就是公朴先生被国民党特务残忍杀害的事件。梅花红艳欲滴，疑是烈士的鲜血染成。画的上部留有白宣一截，是供人题笺的。父亲说他打算把《题红梅图》书写在上面。我问，何不现在就写？父亲说："我要把字好好练习后再写。小廛先生的画在上，又是纪念公朴先生，我不能草草就写。"由于那个年代一个运动接着一个运动，父亲身心俱疲，最终没能达成愿望。

著名哲学家艾思奇伯伯是父亲的挚友，20世纪20年代就在同一所中学——昆明一中读书，他们经常聚在一起谈论国家和民族的命运，对社会的不公表示不满；30年代初，二人同在日本留学，因抗议日本侵华，愤而弃学归国；后来和公朴先生、郑易里伯伯一起经营读书生活出版社，出版《资本论》《大众哲学》……他们的友谊是共同的信念和理想结成的，牢不可破。1966年3月，文化部"整风"后因"检查不深刻""揭发不积极"被撤职等待安排工作的父亲忽然忙碌起来，我才知道是爸爸的好友艾伯伯生病住院了，父亲几乎天天去医院看望。后来医院不让看望了，父亲就每天晚上给王丹一阿姨打电话询问病情。一个阴霾的早晨，电话铃声突然响起，父亲接电话后，半晌不作声，眼含泪水，过了一会儿才对我说：你艾伯伯去世了。父亲迅速穿上大衣前去艾伯伯家吊唁。那几天父亲都不怎么说话，饭也吃得很少，心情十分沉痛。父亲写了一

汉口读书生活出版社同人合影，左起：刘田坤、孙家林、汪晓光、欧阳章、刘耀新、郑树惠、刘大明、黄洛峰、范用、陆家瑞（1938 年）

副挽联悼念老友，颂扬艾伯伯坚持真理，无私奉献的精神：

宣扬马列，坚持战斗，著作等身，早岁既已蜚声哲学界；
带病蹲点，调查研究，中年英发，不期遽尔长眠八宝山。

70 年代末，父亲写了一篇追忆艾思奇伯伯的文章《思想战线的卓越战士——回忆艾思奇同志在上海的战斗生活》，发表在复刊的《读书》上，收录于三联书店出版的《战斗在白区——读书出版社 1934–1948》一书中。后来父亲又应邀写了一篇《艾思奇与〈大众哲学〉》。两文追述了父亲和艾伯伯一起生活、学习、战斗的岁月，《大众哲学》的成书过程以及他们深厚的革命情谊。

1972 年，陈毅元帅不幸因病去世。由于工作的关系，父亲和陈老总熟悉，也多次抄录他的诗。他去世后，父亲怀着对开国元勋的无限崇敬，痛悼一首七律：

三河西进见经纶，砦市会师岁月新。
转战东南寒敌胆，鏖兵淮海靖妖氛。
折冲屡胜“帝修反”，杯酒还诛逆贼群。
坦荡忠诚昭后世，郊原何处哭将军！

郑易里伯伯是当今科技重大成果郑码的发明者，也是20世纪30年代读书生活出版社的创始人之一。他自幼勤动脑、爱钻研，是父亲最好的朋友，从中学十几岁起两人就在一起，友谊持续了一生。“文革”前几乎每周一聚，或去公园，或去博物馆，有时则到餐厅大快朵颐。即使在“文革”中，两人照常来往，情谊不减当年。70年代初，郑伯伯和施纫兰大夫结婚后，从西城区新街口的前公用库胡同搬到东城区的骑河楼，离我家近了，两人来往更密切了，三天一面五天一聚，郑伯伯经常溜达着就到我家了。1972年春，父亲和郑伯伯及我的弟弟云山、表弟孙宪成等五人游鹫峰，遇雨而归，兴犹未尽，便赋诗一首：

### 春　游

一九七二年五月与易里等五人游鹫峰，误登妙峰山旧道，几达山顶，适遇小雨，撑雨衣果腹。雨霁缘路下山，目断鹫峰，怅然而归。

苍松古道迷征程，眼底鹫峰云纵横。
回首玉泉亦缥缈，一蓑烟雨任平生。

父亲写诗，总是不断推敲、修改。一本《诗词格律》都快翻烂了。前面提到的《题红梅图》1961年发表时前两句为“一枝欲活吐芳馥，独傲冰霜道不孤”，后来为了平仄合律，改为“独傲冰霜吐芳馥，一枝欲活道不孤”。这首《春游》也有另一个版本：

### 记　游

五月七日偕易里等五人往游鹫峰，怅然而归，率成一律。

崎岖古道幻杳暝，探胜何期迷征程。
眼底鹫峰云来去，抚摩虬松意纵横。
听涛忽忆碧鸡梦，谈笑相约黄山行。
回首玉泉变缥缈，一蓑烟雨任平生。

一次春游，勾起少年同学时的回忆，当年的两人意气风发，立志报国；步入老年，还兴意盎然，相约去黄山一游，读来不禁令人泪下。

1976年10月，得知粉碎“四人帮”后，父亲无比兴奋，很快写出七律一首：

吕武篡权群丑喧，光明黑暗斗无边。
神州豪杰拍案起，赤县斗士降魔鞭。
乍看乌云能蔽日，普天同庆骄阳天。
弄姿回首牢里去，“四化”宏图慰九泉。

1980年夏，父亲和中国出版工作者协会的同人去承德疗养，心情愉悦，赋诗若干，其中有一首《隆化董存瑞烈士墓》：

三十年前鏖兵地，苔山巍峨觅战痕。
炸桥孤胆血路在，歼尽凶顽日月昏。
勇士捐躯垂青史，元戎题碑赋招魂。
陵园茂树绿欲滴，一瓣心香祭墓门。

这是父亲生前最后的诗作，两个多月后，父亲突发心脏病，永远地离开了我们。那句“一瓣心香祭墓门”被我和妹妹燕民多次用作纪念父亲的文章标题。

黄洛峰在长城留影（1956年）

# 二

父亲不仅写诗，还经常挥毫录写古今诗词，或自己玩赏，或赠友人，以抒情怀。著名出版家范用叔叔就珍藏有不少我父亲的手迹。有些是父亲20世纪40年代在重庆时随手写的，范叔叔是个有心人，都收藏起来，父亲去世后交给了我母亲。这些诗词的作者从古到今，包括唐朝的李白、杜甫、白居易、刘方平、许浑，宋代的苏轼、陆游、周邦彦，清代的纳兰性德等，近现代的鲁迅、毛泽东、郭沫若、陈毅、陶铸、赵朴初、冯友兰等，还有田中角荣等日本友人。

综观父亲抄录的诗词，带有明显的时代特征，不同时期的录写表达了不同的情感和思绪。

其中一部分写于抗战时期的重庆、香港，体现了父亲的爱国忧民之情，抗战到底的决心。如杜甫的《天末怀李白》：

凉风起天末，君子意如何？
鸿雁几时到，江湖秋水多。
文章憎命达，魑魅喜人过。
应共冤魂语，投诗赠汨罗。

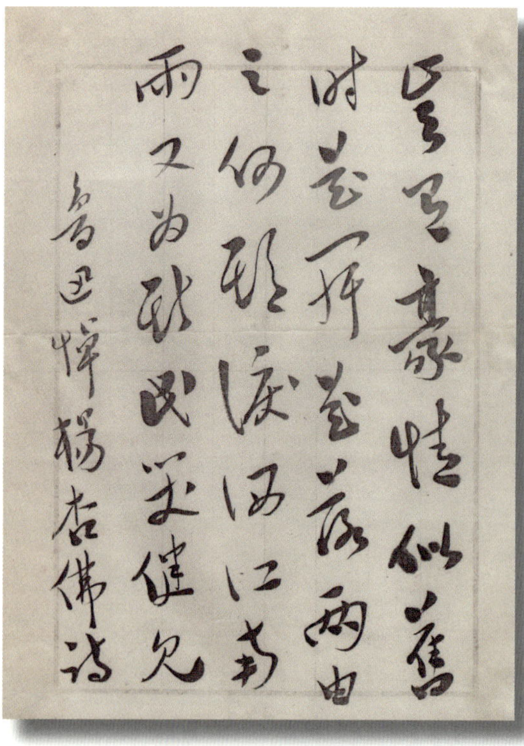

抄录鲁迅《悼杨杏佛》

父亲非常喜欢鲁迅先生的诗，曾书有多首，如《悼杨杏佛》：

岂有豪情似旧时，花开花落两由之。
何期泪洒江南雨，又为斯民哭健儿。

从20世纪50年代到70年代，一个运动接着一个运动，父亲尝尽人间冷暖。特别是“文革”时期，不是被批斗，就是“靠边站”，没完没了地写检查，周

沈静芷（左）、黄洛峰（中）、徐伯昕（右）主持三店合并成立三联书店（1948年，香港）

围的亲人、战友、同事，也一个一个地被打倒、被批判，父亲经常感到“不理解”“跟不上”。他对很多事情有看法，却不能说，对身边的亲人也不能说，甚至写诗也有忌讳，只好借书写先贤的诗句疏泄一下。如父亲抄写的鲁迅的七律：

曾经秋肃临天下，敢遣春温上笔端。
尘海苍茫沉百感，金风萧瑟走千官。
老归大泽菰蒲尽，梦坠空云齿发寒。
竦听荒鸡偏阒寂，起看星斗正阑干。

（鲁迅 《辛亥残秋偶作》）

年轻时的奔波、两次入狱，一次次的运动，关牛棚、下干校，极大地损害了父亲的健康，他经常失眠，要靠药物才能入睡。在那一个个夜不成寐的时刻，他一定是想到了牺牲的同志，想到了早逝的挚友，想起了经历过的风风雨雨……“夜深忽梦少年事，梦啼妆泪红阑干。”白居易的《琵琶行》是父亲借以自况吧。

父亲喜欢写诗、背诗，纯属个人爱好，却因此给自己惹来“政治麻烦”。1958年，父亲下放到江苏宝应县任县委副书记。那正是“大跃进”如火如荼的年代，父亲应景写了一首“亩产双千斤”的小诗，记得是发表在《光明日报》上，著名作曲家刘炽还谱了曲，结果不久就有人批评太保守，很多地方都亩产万斤甚至十万斤了，你怎么才提双千斤！父亲当时心里嘀咕，双千斤有可能，万斤不可能。现在中国很多地方达到了双千斤，但在后来“纠偏”时又有人批判父亲当年“冒进”。父亲曾对我们说，这种“左”也不是“右”也不是的事情他经历得多了。

1967年前后，父亲被关在文化部后院的一座“大庙”，同“庙”者都是所谓文化部的“走资派”，整天忙着挨批判、写检查，偶有闲暇，父亲就背诵古诗词文放松一下精神。父亲的文化底蕴和超凡的记忆力给“同庙”留下深刻印象。当时社会上流传着一首毛主席追悼印尼共领袖艾地的《卜算子》，为了其中的几个字，父亲和齐燕铭、徐光霄、徐平羽、戴碧湘等人争论起来。父亲根据诗词格律和内容的逻辑性提出自己的看法，指出传抄的错误（后来证明父亲是对的）。就这样一件小事，被看管的造反派知道了，马上召开批判会，并勒令参与讨论的人必须人人写检查，检讨自己“留恋封建文化”的“封资修余毒”和“散布社会流言、小道消息”的“罪行”。

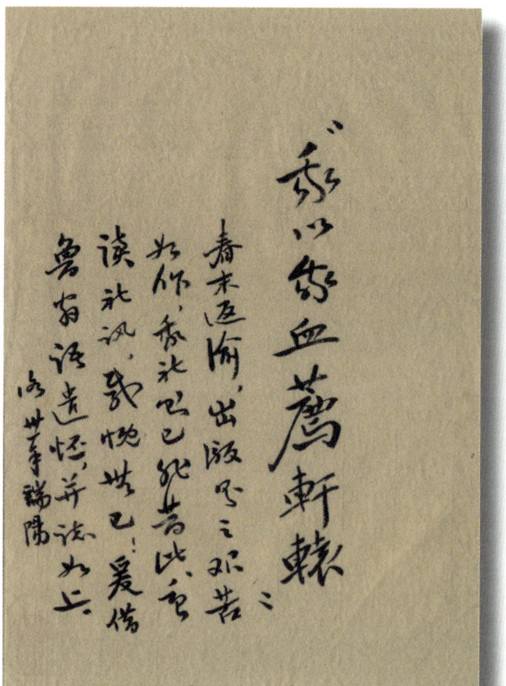

黄洛峰最喜欢的“我以我血荐轩辕”

父亲多次背诵、录写并在自己的诗里常引用的一句是苏东坡的“一蓑烟雨任平生”。这既可以看作是一种无缘报国的叹息，更是一种看透人生的达观态度。

父亲最喜欢鲁迅先生的那句“我以我血荐轩辕”，曾多次抄写，放在案头以自励。

这句话，也是父亲一生的写照，他把一腔热血奉献给祖国和人民，为革命事业东奔西走，不管处在什么地位、做何种工作，从不计较个人得失，也不趋炎附势。在生命的最后几年，他还计划撰写中国现代革命出版史，为之搜集资料，真正做到了“我以我血荐轩辕”。

## 三

父亲热爱读书，热爱中国传统文化，即使在“文革”最黑暗的时期，也是手不释卷，借以解忧。他不但自己爱书，也注重从小培养我们的文化素养，陶冶我们的情操，言传身教，常带着我和妹妹燕民背诵古诗词文，带着我们参观博物馆、看画展、听音乐会。看电影、看文艺演出是有选择的，认为对我们的成长有益的，才允许我们去看。

我很小的时候，右手大拇指有毛病，不能伸屈，要靠外力把它掰直，掰直后又无法弯曲，得再掰弯后才能握住东西。父母带我去看了医生，说是只有反复运动拇指关节，没有别的办法。现在想可能是腱鞘炎一类的毛病吧，当时我只有两三岁，对这些不清楚，只记得每天晚饭后，爸爸就拉着我的小手散步，一边走一边掰我的右手大拇指，掰直、弯曲，掰直、弯曲……我四岁以前家住东城区大牌坊胡同，就在现在的中国社会科学院东北边。同院住的都是书店的同事。那时北京的老城墙还没有拆，我们顺着墙根，从大牌坊胡同走到古观象台，再从那里折返回家。一路走一路掰，同时父亲一句一句地带着我背诗词。父亲能背诵很多诗词文章，到了晚年，仍能一字不差地背出昆明大观楼长联。他从简单的开始教我，记得我最早背下来的是毛主席的那首《清平乐·六盘山》：“天高云淡，望断南飞雁……”后来就是唐诗宋词、鲁迅的诗。有时候在家里，爸爸一边和人聊天，一边掰我的手指。几个月下来，我的拇指竟然好了，和别人一样，伸屈自如，后来还能弹琴了。1956 年，我家搬到南河沿，离开了东总布、大牌坊，离开了建国门，但那高高的城墙、头顶上的明月、晃动的树影、带有云南口音的抑扬顿挫的吟诵，成为我心中永远的记忆。

等我们大一些，父亲就训练我们查字典、查各种工具书。“文革”

全家福，右起黄洛峰、孙幼礼、黄燕民、黄云山、黄燕生（1963年春节）

时期的报章，除了必引马恩列斯毛，还经常引用古人诗句。每有引用诗词典故，父亲就带着我们翻书查出处。如1972年报纸上出现“折戟沉沙铁未销”，父亲就拿出《万首唐人绝句》让我和燕民查找。遇到我们有什么问题，也是让我们先自己找书看，他再讲。我的表哥张一凡喜欢写诗，也曾就传统律诗的问题向我父亲求教。

父亲的诗，只是他跌宕起伏的革命生涯的一个小小的侧面。父亲不仅怀有远大的理想，是一个坚定的革命者，也是一个充满感情的实实在在的人。“无情未必真豪杰，怜子如何不丈夫”，父亲他们这一代革命者，多数受过良好的教育，多才多艺，既有理论上的信仰，又充满浪漫主义的情怀。为了理想，为了主义，他们可以舍弃优越的家庭生活，舍弃收入颇丰的工作，甚至舍弃爱情和亲情乃至生命，以一腔热血为民族、为人民奉献自己的一切。今年是父亲逝世40周年，他的慈父爱、战友情，始终萦绕在我的脑海中，他的无私奉献、刚直不阿的崇高品格，超越了时空，永远激励着我前行。

（本文作者为黄洛峰之女）

# 为父亲丁景唐写传[①]

丁言昭

朋友对我说："你写了那么多人物传记，何不写写你父亲呢？""是啊，我是写的呀。"

那是在1997年年底，中国人民大学出版社一位编辑上我们家来约稿，父亲与他认识的，名字我已经忘记，他请父亲写一本传记，还带来一张合同书。这天父亲似乎情绪很好，在那编辑的一再请求下，再加上我在边上敲边鼓，说："我来记录，你只要动动嘴好了。"终于，父亲在合同书上签了大名，并按照合同于1998年12月31日前交稿。

写父亲的传记并不难，第一，平时与父亲闲聊时，经常谈过去的事；第二，父亲的朋友们来时，我只要在家，总是在一旁陪同，听他们讲过去的往事；第三，我与父亲住在同一条弄堂，他71号，我60号，上父

丁景唐（赵家圭摄，约1980年）

亲家，不用坐车，开门就到。

我于1998年2月开首写父亲的传记。《读者导报》编辑秦建鸿得知我在写父亲传记，对我说，能否把先完成的章节让他们发一发？我当然同意。

1998年4月20日，《读者导报》第8版上刊登了第一章《松花江边的婴儿》。书名是我请周扬大公子艾若写的:《寻觅昔日 丁景唐自传》，并配有照片，作者名字是陆石浩，那是我家门牌号码60号的谐音。

父亲的传记一直连载到1998年8月5日，第七章，因故没有再登下去。1998年6月5日《读者导报》刊登第三章《寄宿朱家姑妈家》里，写到我的姑婆，文章旁边配有一帧父亲与姑婆的合影。父亲看后，于2000年8月16日在文章旁边写了一段话："今年是姑母的百岁诞辰纪念。她生于1900年8月8日（阴历七月十四日），殁于1978年2月21日，享年78岁。这张照片为1938年夏与姑母的合影。时姑母38岁，我18岁。"下面署名"景玉公"，这是父亲丁景唐与母亲王汉玉名字中，各取一个字，父亲曾请名家特地篆刻过几方印章"景玉公""景玉共赏"等。

我在1993年即用电脑写作，但从不联网，只把它当打字机，这次每写完一章，就打印一份给父亲过目。他在稿纸的四周，用蓝的、红的笔写满了字，然后我再根据他的修改，重新写。就这样，经过父亲的修改，1998年5月我基本完成。眼看交稿的时间快到了，我对父亲说，"我请朋友发给中国人民大学的编辑吧？"谁知父亲思忖半天，说："不行，不要发过去，不要写了。""为什么？"父亲不响，只叫我写信，告诉他们不要出版他的传记，并让我打电报、打长途电话……后来中国人民大学出版社编辑也没有找过我们。

丁景唐"景玉共赏"印章

2005年父亲对朋友说过这件事，他说："几年前，北京一个大学出版社一位

丁景唐与丁言昭摄于陈思和家走廊（1994 年 12 月 4 日）

编审朋友来约稿，要我女儿为我写部口述的传记，有十几万字，后来被我写信撤销了约稿合同，女儿的稿子在一份刊物上登了 2000 字，也被我中止了。”（葛芸：《老丁半日谈》，《新民晚报》2005 年 1 月 12 日 B38 版）

过后，我想父亲不出版他的传记，肯定有道理的，首先，“文化大革命”是一个大空白，另外胡风、潘汉年等与他的关系，都有一些说不白、道不明……不用就不用吧。

过了没多少时间，上海历史研究所的朱守芬女士来找我，说想写父亲的传，我说：“好啊，我把写好的传统统借给你吧。”谁知道，也没有出版。

2017 年 12 月 11 日晚上 8 时 40 分，虚岁 98 的父亲仙逝，与亲爱的母亲在天堂相会了。此时，为了纪念父亲，我想这本传记还是要写，要出版。

可是这本书最大的困难是“文化大革命”这段空白点怎么办呢？父亲不太谈这方面的情况，我们也从来不问，怕触动他的痛处。

2009 年 8 月 5 日下午。我和大姐丁言文、弟媳妇张亚男，一起送父亲进华东医院，一直到逝世，他没有再回过家。我从这个时候起开始替父亲整理材料，共分四大部分：父亲的作品、朋友写父亲的文章、朋友致父亲、父亲致朋友。在整理过程中，意外发现一大包资料，上面写道“可怕的十年屈辱”，我心里咯噔一下，这肯定是“文化大革命”中的材料，打开一看，果然是的，有父亲每天写的思想汇报、认罪书，等等，写得如蝇头小楷，每个字都是端端正正，毕恭毕敬，原来这是单位在十年浩劫后，发还给父亲的。

我在传记中尽量不改动父亲的本意，只做一些补充。父亲在“胡风运动”和“文化大革命”中肯定要写的，可怎么写呢？为此我请教了一些老前辈、资深编辑等，采访一些老同志，运用手边的材料，实事求是地写。

后面一部分，主要写父亲的一些老朋友，我写得比较顺手，因为

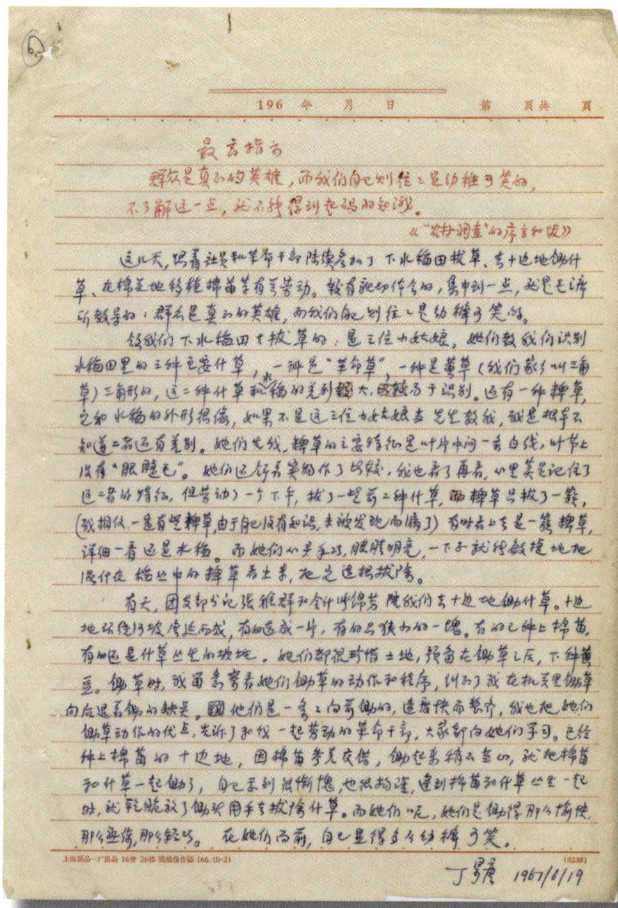

最高指示

群众是真正的英雄，而我们自己则往往是幼稚可笑的，不了解这一点，就不能得到起码的知识。

《“农村调查”的序言和跋》

丁景唐 1967/6/19

丁景唐“文革”期间写的相关材料（1967 年 6 月 19 日）

左起：贾植芳、丁景唐、贾芝（1984 年）

都是我亲身经历的事和人，不用多动脑子，一切都历历在目，就好像发生在昨天的事情一样。

每本书的前面总该有个序吧，平时我写的书，都是自己写序，这回可不同，这是给父亲写传，一定要请一位对父亲非常熟悉的专家学者，原来想请与父亲同辈的叔叔、阿姨，但是他们都已高龄，况且身体欠佳，就请身边的朋友吧。想啊想，一个名字闪烁在眼前——陈思和，对，请他来写，太合适了。

20 世纪 80 年代初，我跟父亲到复旦大学去看望贾植芳先生，一进门，看到玻璃窗外布满了绿莹莹的叶子，纱窗上爬着两三只四脚蛇，笃悠悠地在散步，我很惊奇，问："怎么有那么多的四脚蛇啊？"贾先生手上拿着烟，笑嘻嘻地回答："这是我养的。""啊？！"

父亲在旁说："莫问了，我们要谈正事了。"我立刻闭上嘴，安静地坐在父亲身边。这时，我才发现屋里还有一个年轻人，头发有点卷卷的，鼻子上架着一副眼镜，他是谁？此刻听见贾先生对父亲介绍道："这是我的助手陈思和。"陈思和，他的名字里有六个口，应该是吃开口饭的，可不，后来他当了中文系的老师，再后来又当了博士生导师。

1984 年 10 月，陈思和陪贾先生到徐州，参加江苏省第二届瞿秋白

陈思和、丁景唐、丁言昭于上海华东医院合影（2015 年 3 月 3 日）

学术讨论会，我代表父亲也去了。到的第一天，大家一起进晚餐，席间，有人说起贾先生是山西人，还说山西人最会做生意，而且最节约。于是贾先生讲了个故事，说山西人买了把扇子，永远是新的。因为他扇扇子时，把扇子放在桌上，将自己的脑袋对着扇子不停地点头……在座的听后，都笑得前仰后翻，只有陈思和很文雅地微微一笑，也许他曾听讲过这个故事，也许性格如此。后来我们一起编书，合写《希望之孕——记丁景唐编辑生涯 50 年（1938–1988）》，这是父亲布置的写作任务，我与陈思和逐渐熟悉起来。他告诉我，第一次见到我，还以为我是个中学生，向贾先生打听考复旦大学的事情。一句话，把我逗乐了，那时我已大学毕业，在剧团当编剧呢。

现在我终于完成这本传记，但愿父亲能够满意！

最后，感谢父亲的"娘家人"——上海文艺出版社的同志，为出版此书所做出的贡献。

（本文作者为丁景唐之女）

注：

① 此文为《丁景唐传》序。